Johann Friedrich Müller

Abhandlung von Verbesserung des Nahrungsstandes

und Vermehrung der landesherrlichen Einkünfte durch Manufacturen und

Fabriken

Johann Friedrich Müller

Abhandlung von Verbesserung des Nahrungsstandes
und Vermehrung der landesherrlichen Einkünfte durch Manufacturen und Fabriken

ISBN/EAN: 9783743454194

Hergestellt in Europa, USA, Kanada, Australien, Japan

Cover: Foto ©Suzi / pixelio.de

Manufactured and distributed by brebook publishing software
(www.brebook.com)

Johann Friedrich Müller

Abhandlung von Verbesserung des Nahrungsstandes

Abhandlung

von

Verbesserung

des

Nahrungsstandes

und

Vermehrung

der

Landesherrlichen Einkünfte

durch

Manufacturen und Fabriken,

nebst

einer Zugabe

in welcher kürzlich angezeigt wird, wem es eigentlich und
vorzüglich obliege, die Manufactur- und Fabrik-Anstalten in
einem Lande zu befördern und zu unterstüzen, um dadurch die
Nahrung der Inwohner zu verbessern, und die
Einkünfte des Regenten zu
vermehren.

✣⚙✣

———————————————————

Stuttgart
gedruckt bey Johann Philipp Erhard,
1764.

Vorbericht.

Jn den zufälligen Gedanken von Anle=
gung mehrerer Manufacturen und
Fabriken in den Herzoglich = Wür=
tembergischen Landen, habe ich die Mög=
lichkeit, in den teutschen Provinzien, und
insonderheit in diesen Staaten, Manufactu=
ren anzulegen, gezeiget; ich habe solche An=
stalten, um des davon erhaltenden Nuzens
willen, angerathen; ich habe die Schwie=
rigkeiten und Hindernisse bei einigen Fabri=
ken berührt; ich habe die Vorzüge einer
Manufactur vor der andern bemerkt; und
ich habe kurze Regeln gegeben, wie man
sich bey Gründung der Manufacturen und
A 2   Fabriken

Fabriken überhaupt und ins besondere zu verhalten habe.

In diesen Blättern werde ich mich bestreben, den allgemeinen und besondern Nuzen darzuthun, den sowohl der Regent als die Unterthanen eines Landes von dem blühenden Zustande der Manufacturen und Fabriken sicher erwarten können.

Der Nuzen der Unterthanen bestehet vornemlich in der Verbesserung des Nahrungsstandes, fangt von dem elendesten Bettler an, und gehet durch alle stadt- und landwirthschaftliche Gewerbe, in einer beständigen Verbindung fort, also, daß immer eines in das andere einen nüzlichen Einfluß hat: die Vortheile des Regenten aber hangen gröstentheils von einer guten Einrichtung und von dem verhältnißmäßigen Zusammenhang der Nahrungsgeschäfte ab, wovon sie eine jeden so untrügliche Folge als heilsame Würkung sind.

Nach-

Vorbericht.

Nachdeme meine kurze Anweiſung zu
Gründung mehrerer Manufacturen einmal
an das Licht getretten iſt, und man alſo
mit Recht von mir fordern kann, daß ich
den angerühmten groſſen und vielfältigen
Nuzen derſelben ausführlicher zeigen ſoll:
ſo achte ich mich verbunden, eine ſolche Er-
wartung durch gegenwärtige Abhandlung zu
erfüllen.

Ich war anfangs willens, es bloß bei
meinen Gedanken bewenden zu laſſen; da
ich aber in den Schriften eines Herrn von
Juſti, eines Horneks, eines Plüers und
anderer mit Vergnügen erſahe, wie ſchön
und überzeugend dieſe verdiente Männer ſich
bei verſchiedenen hieher gehörigen Wahrheiten ausgedrücket haben: ſo nahm ich keinen Anſtand, meine Betrachtungen mit den
ihrigen zu bereichern, weil dergleichen Schriften, wie bekannt iſt, nicht in jedermanns
Händen, und einige derſelben zu weitläuf-

tig

tig sind, als daß der groſſe Hauffen, der jedoch viele darinn enthaltene Wahrheiten zu wiſſen nöthig hat, ſie leſen ſollte. Auch ich habe daher aile Weitläufigkeit ſorgfältig zu vermeiden geſucht.

Ich bin immer der Meinung geweſen, und bin es noch, daß in Materien, wie die gegenwärtige iſt, kurze und ungekünſtelte Aufſäze nicht ſelten mehr nuzen, als groſſe und gelehrte Abhandlungen.

Ueberhaupt gehet bei dergleichen Arbeiten meine Abſicht nicht dahin, wie ich gefallen, ſondern vielmehr, wie ich meinem Vaterlande erſprießliche Dienſte leiſten, und meinem Mitbürger nüzlich ſeyn möchte. Gelinget es mir darinn, ſo iſt mein Endzweck erreicht. Iſt der Nuzen von meinen Bemühungen anfangs nicht gleich augenſcheinlich, ſo wird er ſich in der Folge gewis noch zeigen, und wer weißt, ob nicht nach mir Männer in meinem Vaterlande

auf=

aufstehen, die, solchen zu befördern und zu erweitern, eben so viele Geschiklichkeit, als guten Willen haben. Je mehr, sowohl dem Regenten als den Unterthanen eines Landes, vom kleinsten bis zum grösseften, an der Sache selbst gelegen seyn muß: defto gewieser darf man sich auf ihren Beitritt verlassen.

Man kann hievon in verschiedenen teutschen Provinzien die unverwerfliche Beispiele aufweisen. Ins besondere legen Seine jezt regierende Herzogliche Durchlaucht zu Würtemberg von Dero tiefen Einsichten in das Manufactur = und Fabrikwesen, von der lebhafteften Ueberzeugung des davon abhangenden Nuzens, und von den preiswürdigsten Gesinnungen, dasselbige in Dero Staaten in den rechten Gang und auf einen sichern Fuß zu bringen, durch das Herzogliche Generalrescript vom 27. August 1755. die deutlichste Merkmale an

A 4　　　den

den Tag, und sind ihren Landesunterthanen, durch Anlegung der schönen Porcellanfabrik in Ludwigsburg, Selbst das gröste Beispiel. Von diesem allem sind die denen übrigen Landesfabriken schon vielfältig erzeigte und noch täglich erweisende höchste Begnadigungen der vollkommenste Beweis.

Auf Seiten der Landeseinnwohner sind Cantstadt, Sulz und Heidenheim diesen grossen und heilsameu Absichten, durch Aufstellung dreier Katunfabriken, und Kirchheim unter Tek durch eine Bandmanufactur rühmlichst beigetretten.

Dürfte ich sicher hoffen, wie ich es aufrichtig wünsche, daß noch mehrere nachfolgeten: so würde ich solches als die gröste Belohnung meiner Bemühungen ansehen. Geschrieben S = = den 24. April 1764.

Von

Verbefferung des Nahrungsstandes
und
Vermehrung
der
landesherrlichen Einkünfte
durch
Manufacturen und Fabriken.

* *   *   * *
    *   *
        *

Armuth, Dürftigkeit, tägliches Auskommen, Vermögen und Reichthum sind im groffen, was sie im kleinen sind.

Wer aufs ungewiese sein Brod täglich vor den Thüren des Nebenmenschen suchen muß, ist in Wahrheit ein elender Mensch. In gleichen Umständen befindet sich ein ganzes Land, wenn es arm ist, mithin von andern Ländern abhängig wird.

Der

Der Dürftige ist noch übel genug daran, weil er öfters Mangel leidet, und nur selten seines nöthigen Unterhalts versichert ist. Eben so verhält es sich mit einem Lande, dem das Nothdürftige zum öftern noch abgehet.

Nur die völlige Gewisheit des täglichen Auskommens kann bei einem Privatmanne so, wie bei einem ganzen Lande Beruhigung und Zufriedenheit bringen.

Besizet man aber ein Vermögen, welches hinreichend ist, mit der Nothdurft uns zugleich die Bequemlichkeiten des menschlichen Lebens zu verschaffen, so hat man Ursache, vergnügt zu seyn.

Doch ist es erst der Reichthum oder der Ueberfluß in dem Besiz und Genuß eigenthümlicher zeitlicher Güter, der uns auf der Welt, in dem gewöhnlichsten (*) Verstande, glücklich macht, daferne man solchen ruhig genießen kann, und vernünftig zu gebrauchen weißt.

Je reicher also, in diesem Betracht, ein Land ist: desto glüklicher ist dasselbige.

Hieraus erhellet, daß ein armes Land unmöglich glüklich seyn könne, und daß in demjenigen, worinnen

Man erinnere sich bei den vorhergehenden und nachfolgenden Säzen, daß man hier keine moralische Schrift vor sich hat.

nen noch Mangel und Dürftigkeit herrschen, wenig
zufriedene, noch weniger vergnügte, und am allerwe=
nigsten glükliche Einwohner seyn werden.

So gewiß alles dieses ist; so muß man doch
hierinn nicht zu weit gehen, weil man sonst leicht in
das übertriebene, abgeschmakte und lächerliche verfal=
len könnte: denn ob zwar die Theile zusammen das
Ganze ausmachen; so ist es gleichwohl nicht nöthig,
daß alle Theile einander gleich seyn, ja es würde sol=
ches nicht allemal möglich, und gewiß niemal gut
seyn. Ein Land von lauter reichen Innwohnern läs=
set sich also nicht gedenken, und wenn dasselbige je
möglich wäre, so würde es nicht das glüklichste seyn.

Will man demnach die Glükseligkeit oder Unglük=
seligkeit eines Staats im Ganzen vernünftig bestim=
men, und gründlich beurtheilen, so muß es nach der
besondern Mischung der Einwohner, oder, nach dem
Verhältnißmässigen Wohlstande derselbigen, als dem
sichern Kennzeichen der allgemeinen Glükseligkeit ge=
schehen.

Ein Land, in welchem man keinen Bettler sie=
het, keinen Müssiggänger duldet, wenige Arme und
Dürftige zählet, viele hingegen findet, die ihren täg=
lichen nothdürftigen Unterhalt haben, mehrere, die ih=
res guten Auskommens versichert sind, auch manche,
die einen Ueberfluß besizen, ein solches Land, dünket
mich im Ganzen würklich reich und vor andern glük=
lich

lich zu seyn. Unglüklich aber ist der Staat, worinn man die reiche, vermögliche und wohlhabende Inwohner gleichsam mit dem Lichte suchen muß; worinn die Anzahl derer, die ihre hinreichende Nahrung und Kleidung haben, nur mässig ist; worinn vielen der Hunger, Kummer und Unmuth aus den Augen siehet, und worinn endlich die Bettler, Müssiggänger und andere Taugenichts den grösten Theil ausmachen.

Diß ist das Bild verschiedener Provinzien Teutschlands, Spaniens und des Kirchenstaats. Wahrhaftig ein betrübtes Bild!

Es ist aber in den meisten derselben noch Rath zu schaffen. Denn, auch ein armes und dürftiges Land kann zu seinem nothwendigen Auskommen gelangen, wohlhabend und reich werden, so bald man geschickte Mittel ergreift, ein Vermögen zu erwerben, zu erhalten und zu vermehren.

Hiezu bietet uns die Natur auf mannigfaltige Art und Weise ihre Schäze dar, den Menschen aber lieget ob, sie, durch Arbeit und Mühe, Kunst, Thätigkeit und Fleiß, zuzubereiten, zu erhöhen, und gemeinnüzlich zu machen.

Je gütiger demnach die Natur in einem Lande sich erzeiget; je höher zugleich in solchem Künste und Wissenschaften getrieben werden; je grösser mithin die

die Anzahl fleiſſiger und geſchickter Inwohner iſt: deſto reicher und glükſeliger wird es ſeyn.

Nichts iſt zu erdenken, wodurch die Geſchenke und Gaben der Natur mehr zubereitet, die Künſte mehr befördert, der Fleiß mehr ermuntert, und eine gröſſere Anzahl Menſchen, auf eine nüzlichere Art beſchäftiget werden könnte, als die Manufacturen und Fabriken.

Billig hat man ſie alſo unter die vorzüglichſten Beförderungsmittel des Reichthums und der Glükſeligkeit eines Staats zu zählen.

Hieraus folget noch weiter: je mehr blühende Manufacturen und Fabriken in einem Lande ſind, deſto reicher und glükſeliger iſt daſſelbige.

Dieſe Glükſeligkeit genießt ſowohl der Regent eines Landes, als deſſen Unterthanen, denn alle Vernünftige ſtimmen überein, daß die Wohlfahrt eines Regenten und ſeiner Unterthanen eine unzertrennliche Sache ſey, ſo daß man denjenigen Regenten niemalen wahrhaftig glüklich preiſen kann, deſſen Unterthanen arm und elend, oder mit einem Wort unglüklich ſind.

Man erlangt aber von dem Nuzen, welchen der Landesherr aus einem wohleingerichteten Manufacturweſen beziehet, ſo lange keine richtige Begriffe, ſo lange man nicht von den Vortheilen, welche davon auf die Unterthanen abflieſſen, genugſam unterrichtet

richtet ist. Diese wollen wir also zuerst beherzigen, um jene desto bälder, auch desto leichter und gründ= licher einzusehen.

Die Vortheile der Unterthanen sind verschieden und manigfaltig. Insonderheit wird der gesammte Nahrungsstand durch Manufacturen und Fabriken auf das kräftigste unterstüzt und verbessert, ja ohne dieselbe ist aller natürliche Reichthum und Fruchtbar= keit eines Landes von keinem, oder doch von gerin= gem Nuzen, weil in einem solchen Fall die Frucht= barkeit des Landes nicht durch den Fleiß der Inwohner unterstüzt wird, und eben daher rühret es, daß die fruchtbarsten Länder nicht selten die ärmsten sind. Dieses bestätiget den Saz, daß die Manufacturen der Fruchtbarkeit des Landes weit vorzuziehen seyen. Holland ist hievon das kräftigste Beispiel, als welches von Natur nichts, durch Fleiß und Verstand aber alles im Ueberfluß hat. Den Grund dazu leg= ten die Manufacturen und Fabriken.

Es ist also der Mühe wohl werth, die Sache etwas näher zu beleuchten, vor allen Dingen aber die vielen Hindernisse, welche dem guten Forgang eines gesegneten Nahrungsstandes gemeiniglich in dem Weg zu stehen pflegen, oder doch die vornehmsten und wichtigsten derselben zu erwägen, und dabei zu zeigen, wie sie durch Gründung und Anlegung nüzli= cher Manufacturen sicher gehoben, auch durch diese alle

alle übrige Gewerbe und Nahrungsarten zu einer
grössern Vollkommenheit gebracht werden.

Der Müssiggang ist die erste und wichtigste Hin=
derniß eines gesegneten Nahrungsstandes, und bei na=
he das gröste Uebel in einem Staat, welches die Er=
fahrung bestärket; denn in einem Lande, wo der Müf=
siggang einmal überhand genommen hat, wimmelt
es von der Art Menschen, welche unter den Müssig=
gängern die Oberstelle einnehmen, ich meine die Bett=
ler. Kaum kann man auf dem Lande vor dem An=
lauf derselben Wege und Strassen noch wandern;
kaum ist man vor ihnen in Haupt= und Residenzstäd=
ten sicher. Gleichwie sie an und für sich schon eine
Plage des menschlichen Geschlechts sind; also sezen sie
demselbigen zu gewiesen Zeiten, an gewiesen Orten
und unter gewiesen Umständen, als: bei offentlichen
Feierlichkeiten, an den sogenannten Kirchweihen, an
Jahrmärkten, auf Heer= und Landstrassen u. s. f. auf=
serordentlich zu. Viele unter ihnen treiben die Sa=
che so weit, daß, wenn sie durch den gewöhnlichen
Weg des Bettelns sich nicht genug ersammeln, sie
alsdenn ihre Zuflucht zu mancherlei erdichteten Krank=
heiten, Gebrechen und Naturfehlern nehmen, und
die natürlich Lahmen, Blinden, Tauben, Stummen,
mit Gichtern behaftete ꝛc. so geschikt nachzuahmen
wissen, als ob dergleichen Fehler und Gebrechen mit
ihnen auf die Welt gekommen wären. Noch meh=
rerer schlechten Bettelarten, da man z. B. fälschlich
auf

auf Krieg, Brand, Wetter = und Waſſerſchaden,
Sklaverei und Gefangenſchaften, Verfolgung, Reli=
gion, Kirchen, Schulen.ꝛc. Allmoſen ſammelt, oder
durch ein erzwungenes Beten, Singen, Muſiciren,
heilloſe Künſte und andere Betriegereien dem Neben=
menſchen mehr abzunehmen ſucht, als man von ihm
ſonſt etwan nicht erhalten haben würde, wollen wir
nicht einmal umſtändlich gedenken.

Die Folgen davon ſind in der That ſehr trau=
rig; denn, unter der groſſen Menge Bettler, brin=
gen es doch die wenigſten nur ſo weit, daß ſie den
Hunger gänzlich ſtillen können, die meiſten hingegen
bleiben dabei dem Mangel, der Blöſſe und andern Un=
gemächlichkeiten ausgeſezt, ja es ſcheinen ſo gar viele
Arten anſtekender Krankheiten, als fallende Seuche
und eine gewiſſe Art des Auſſazes dieſen Leuten eigen
zu ſeyn, und pflegen auch gemeiniglich durch ſie fort=
gepflanzt zu werden. So ſtraft ſich zwar der Miſſig=
gänger und Bettler gemeiniglich ſelbſt, die Beſchwer=
de aber, welche der Nebenmenſch von dieſem Unwe=
ſen hat, iſt nicht weniger groß.

Die Dürftige, die ſogenannte Hausarmen, die
Tagelöhner und dergleichen Leute, die ſelten für ſich
und die Ihrigen das Nothdürftige aufzubringen ver=
mögen, können den Bettlern nichts mittheilen. Un=
ter den Reichen machen die Geizige den gröſten Theil
aus, und dieſe ſind unerbittlich.

Die

Die ganze Laſt und der Schaden, den das gemeine Weſen von den Bettlern zu erwarten hat, fället
mithin hauptſächlich auf den mittlern Mann, der ſich
und den Seinigen einen Theil der eigenen Nothdurft
entziehen und an die Bettler verwenden muß, wodurch
er an ſeiner Nahrung geſchwächt, und zu Abtragung
der ihm obliegenden Abgaben untüchtig gemacht
wird.

Man kann hieraus leicht abnehmen, wie ſehr der
Straſſen - und Gaſſenbettel dem geſammten Nahrungsſtand und deſſen guten Fortgang im Wege ſtehen müſſe.

Die bisherige Vorſchläge, das Uebel zu heben,
waren unzulänglich und gleichen denen Arzneimitteln,
die zwar dem Kranken auf kurze Zeit Erleichterung
verſchaffen, die Krankheit ſelbſt aber nicht aus dem
Grund heilen. Dahin gehören die Armen - oder Al-
moſencaſſen, in ſoferne man durch ſolche alles allein zu
erzwingen vermeinet, die Ordnungen, daß ein jeder
Ort ſeine Armen erhalten ſoll, die Befehle, auf fremde Bettler ein wachſames Aug zu haben, ſie nicht ein-
zulaſſen, ſondern an den Grenzen ab - und zurük, die
einheimiſchen aber in den Ort ihrer Geburt zu weiſen,
um daſelbſt von der Gemeine ernähret zu werden,
wovon der Herr von Juſti in einer gewiſſen Stelle
meldet, daß dergleichen Mittel bisher gänzlich ohne
Würkung geblieben, und, nach kurzer Zeit, das Land
B	eben

eben mit so vielen Bettlern überschwemmt gewesen sey,
als vorhin.

So löblich es also an sich selbst ist, wenn in ei=
nem Lande das Betteln als eine wahre Pest des ge=
meinen Wesens, auf keinerlei Art gebuldet wird: so
ist doch diß allein noch nicht genug, dem Uebel zu steu=
ren, sondern man muß, wenn solches aus dem Grun=
de gehoben werden soll, hauptsächlich den Bedacht
darauf mit= nehmen, wie man der fast allgemeinen
Ausflucht und dem gewöhnlichen Einwurf der Bett=
ler, sie können keine Arbeit bekommen, begegnen, mit=
hin ihnen würklich Gelegenheit zu einem beständigen
Geschäfte, und davon abhangenden dauerhaften Nah=
rung machen möge.

Das Einsperren der gesunden und starken Bett=
ler in die Zucht = und Arbeitshäuser, mag zwar nicht
ganz ohne Nuzen seyn; eine andere Frage aber ist
es, ob dieses Mittel hinlänglich sey, den Endzwek zu
erreichen? Auch, ob es eben allezeit mit der Ge=
rechtigkeit und Billigkeit übereinstimme? Denn, ist
die Ausflucht der Bettler gegründet; sie wollten ger=
ne arbeiten, fänden aber keine Gelegenheit dazu;
(wie sie zuweilen würklich ist,) so würde man in
diesem Falle zu hart gegen sie verfahren, wenn man
ihrem Elende, durch das Einsperren in ein Arbeits=
haus, eine neue und grössere Plage beifügen woll=
te. An der Stirne kann man solchen Leuten nicht
allezeit

allezeit lesen, ob ihre Ausflucht gegründet ist, oder nicht. Weißt man ihnen also nicht gleichsam auf der Stelle Gelegenheit zu einer anständigen Arbeit zu verschaffen: so kann man auch nicht mit Grund urtheilen, ob sie muthwillige oder nothgedrungene Müssiggänger seyn. Einmal ist gewiß, daß der Arme sich den Weg, durch Arbeit zu einer ehrlichen Versorgung zu gelangen, gar selten selbst zu bahnen im Stande ist, mithin muß der Reiche und Vermögliche, oder die Obrigkeit solches thun.

Mit der Verweisung der Bettler in ihr Heimwesen, um daselbst von der Gemeine versorgt zu werden, siehet es nicht viel besser aus. An solchen Orten, wo die wenigste Nahrung unter den Landesinwohnern ist, finden sich insgemein und natülicher Weise die meiste Armen. Wie elend würde es also um die Versorgung derselbigen aussehen, und wie sehr würden nicht die übrigen, die größtentheils kaum für sich und die Ihrige das nothdürftige Auskommen haben, mitgenommen werden, wenn man aus diesem Grund allein die Armen versorgen wollte? Ja, wie bald würden, bei einer solchen Ordnung und Einrichtung, die meisten Inwohner einander gleich, nemlich alle arm, dürftig und elend werden. So natürlich und billig also der Vorschlag zu seyn scheinet, daß ein jeder Ort seine Armen selbst erhalten soll: so behutsam muß man in der Ausübung desselbigen zu Werke gehen. Un-

B 2 verläßt

terläßt man dieses, so werden die im Weg stehen=
de Hinderniße vermehret, indeme man sie zu ver=
mindern sucht.

Unter allen möglichen Mitteln, dem Müßiggan=
ge und der Bettelei zu steuren, sind und bleiben die
Manufacturen und Fabriken allezeit die besten und
sichersten.

Denn, weil eine rechtschaffene Manufactur nicht
selten einigen tausend Menschen Unterhalt giebet,
warum sollte sie nicht auch eine Menge vormaliger
Müßiggänger und Bettler ernähren können.

Und bei einer solchen Einrichtung, läßet sich erst
das Betteln, ohne Verletzung der Gerechtigkeit und
Billigkeit, ganz austilgen, weil durch Gründung und
Anlegung verschiedener, insonderheit aber solcher Ma=
nufacturen und Fabriken, wobei so gar auch Kinder,
schwache Weibspersonen, desgleichen alte und gebrech=
liche Leute in ziemlicher Anzahl versorgt werden kön=
nen, die vorhin angeführte Ausflucht fast aller, vor=
nemlich aber der gesunden und starken Bettler, als
ob sie keine Arbeit zu bekommen wüßten, hinwegfällt,
mithin keine Ursache vorhanden ist, gegen die Bett=
ler und Faullenzer einige Nachsicht auszuüben. Denn
wir sind, schreibt der belobte Herr von Justi in der
Staatswirthschaft Th. I. § 473. nur solchen Armen,
nach Beschaffenheit unsers Vermögens, Almosen zu
geben schuldig, die Alters und Leibesgebrechen halber

zu arbeiten nicht im Stande ſind, und dieſe können
allerdings von uns mit Recht erwarten, daß wir unſerer Bequemlichkeit etwas abbrechen ſollen, um ihrer
unumgänglichen Nothdurft zu ſtatten zu kommen. Allein denjenigen Armen, welche geſund, ſtark und zu
arbeiten vermögend ſind, brauchen wir nur in ſoferne
mit unſerm Vermögen unter die Arme zu greifen, daß
wir ihnen Gelegenheit geben, ihren Unterhalt zu verdienen, indeme wir ſie, entweder zu unſerm Vortheil,
oder zu unſerer Bequemlichkeit arbeiten laſſen, und
wenn man anderſt verfähret, ſo übet man nichtsweni-
ger als ein gutes Werk aus, ſondern man verſündiget
ſich vielmehr an dem gemeinen Weſen, indem man
dem faulen und liederlichen Geſindel einen bequemen
Weg zeiget, ſich der ſchuldigen Bemühung, der Re-
publik durch Fleiß und Arbeit nützlich zu werden, zu
entziehen, und derſelbigen vielmehr zur Laſt und Be-
ſchwerde zu gereichen. Iſt hingegen die Einrichtung,
den Müſſiggängern und Bettlern bei Manufacturen und
Fabriken Unterhalt zu verſchaffen, einmal gemacht, und in
den Gang gebracht; ſo kann man alsdenn gegen die
Faulen und Widerſpenſtigen allerdings Zwangsmittel
gebrauchen, und das iſt eigentlich der Fall, in welchem man das Einſperren der geſunden und ſtarken
Bettler auch anderer Müſſiggänger in die Zucht-
Spinn - und Arbeitshäuſer zulaſſen kann und muß.
Von einer ſo heilſamen Einrichtung, wodurch
man den Bettlern, die zur Arbeit Luſt bezeugen,

B 3　　　　bei

bei Manufacturen und Fabriken, würklich Gelegen=
heit dazu an die Hand giebet, den Widerspenstigen
durch Zucht = Spinn = und Arbeitshäuser begegnet,
wird man in kurzer Zeit viele gesegnete Würkungen
und Folgen verspühren. Denn, gleichwie in Ländern
und Orten, wo man sich bloß durch Almosencassen
und milde Stiftungen, durch Verweisung der Bett=
ler in ihr Heimwesen oder über die Gränzen ꝛc. zu
helfen sucht, im Ganzen gemeiniglich wenig oder nichts
ausgerichtet ist, indem dabei die Armen immerhin
arm verbleiben, und deren Anzahl mehr zu = als ab=
nimmt, mithin das gemeine Wesen mit denselbigen
sich nach wie vor belästiget siehet: also verhält es
sich im Gegentheil in solchen Staaten, wo der Bet=
telei und dem Müssiggange durch Einführung nüzli=
cher Manufacturen Einhalt geschiehet, und diese durch
Spinn = und Arbeitshäuser unterstüzt werden, ganz
anders.

Der vormalige Bettler darf nun nicht mehr
ängstiglich seufzen, oder auf allerlei Ränke verfallen,
seinen hungerigen Magen zu sättigen, denn hiezu ge=
langet er durch seiner Hände Arbeit auf eine leichte,
sichere und rühmliche Art. Er kann nun in der Ord=
nung essen, trinken, sich kleiden, und zuweilen noch
etwas zu gute thun. Blinde, lahme, taube, stumme,
gebrechliche, alte und kranke Armen, auch durch
Verfolgung, Krieg, Brand, Gewässer, Wetterscha=
den und andere Unglüksfälle von Mitteln gekomme=
ne

ne Nebenmenschen, sind nun der eigentliche und al-
leinige würdige Gegenstand unsers Mitleidens, an
denen wir, nachdem wir uns durch die Manufacturen und Fabriken, von gesunden, starken und muth-
willigen Bettlern loßgemacht haben, die Werke der
Barmherzigkeit weit kräftiger und nachdrüklicher ausüben können, als es, ohne dergleichen gute Anstalten
nicht geschehen seyn würde. Der Mittelmann leidet
nun, durch die ihme zuvor gleichsam abgedrungene
Gabe, den Abgang an seinem und der Seinigen nöthigen Unterhalt nicht mehr, und indeme der in ein
thätiges Mitglied der menschlichen Gesellschaft verwandelte Bettler, nach seinem so glüklich veränder-
ten Zustande, gleich andern ehrlichen Leuten, in der
Ordnung isset, trinket, sich kleidet, u. s. f. so befördert
und bessert er auch an seinem Theile alle übrige Gewerbe, Nahrungsarten, Handthierungen und Handwerke, und wird dadurch ein nüzliches Gelenke an
derjenigen Kette, wodurch der Nährstand eigentlich
zusammenhangen soll, so daß es mit Worten kaum
auszudrüken ist, was der Staat durch eine so be-
trächtliche Anzahl aus dem Staub erhobener Menschen, nothwendig gewinnen muß.

Die übrige Faullenzer, Tagdiebe, Strolchen, Landstrei-
cher und andere Taugenichts, als: Gaukler, Glükstöpfer,
Riemenstecher, Scholderer, Taschen - und andere betrüg-
liche Spieler, Quaksalber, Marktschreier, Thierfüh-
rer,

rer, Seiltänzer, Schatzgräber, und unter welchen
Nahmen sie etwa sonst bekannt seyn mögen, sind
ebenfalls eine grosse Last der Erden, und eine starke
Hindernis eines blühenden Nahrungsstandes, kurz,
ein unwiederbringlicher Schaden in dem Staat. Die
Mittel dagegen sind eben dieselben, die ich bei den
Bettlern angezeigt habe. Sie müssen sich entweder
bei Fabriken und Manufacturen zur Arbeit bequemen, in
welchem Falle man sie, wie einen jeden auf solche Weise zurechtgebrachten fremden und einheimischen Bettler, als ein würkliches Geschenke vor den Staat ansehen kann, oder man sperret sie, wie andere unnütze
und schädliche Menschen, so lange in die Spinn-
Zucht- und Arbeitshäuser, bis sie durch Zwang zur
Arbeit angewöhnt und so mürbe gemacht sind, daß sie
endlich ungezwungen arbeiten, oder sie werden wenigstens genöthiget, aus unsern Grenzen zu weichen, um
durch ihre Entfernung das gemeine Wesen von dem
durch dergleichen Erdenlasten sonst leidenden Schaden sicher zu stellen. Und gewiß, man würde, daferne man das Manufactur- und Fabrikwesen mit
behörigem Ernste durchsetzte, nicht nur von den erst-
berührten nichtswürdigen Creaturen, sich befreiet sehen, sondern auch weniger Mörder, Strassenräuber,
Schelmen, Diebe und andere lasterhafte Personen,
in unsern teutschen Provinzien finden, denn der Müssiggang, das bekannte satanische Hauptküssen, ist gemeiniglich der Anfang dieser dem Staate so schädlichen .

Ver-

Verbrechen und Vergehungen. Man frage die Bö-
sewichter, schreibt der scharffinnige Verfasser des handelnden Adels, welche hingerichtet werden. Es sind
müssige Leute, welche die Schwelgerei oder das Spiel,
K oder der Trunkenheit, zum Verbrechen verleitet hat.
Die Leidenschaften erhalten in dem Müssiggange Kräften, stossen hefftiger gegeneinander, und zerstören die
allgemeine Uebereinstimmung. So setzet auch der Herr
von Justi den Mangel der Nahrung in einem Lande, oder den fehlenden Trieb der Unterthanen zu Manufacturen, Commercien und andern Nahrungsarten
unter die Quellen und erste Ursachen solcher abscheuli-
chen Ausschweifungen, in dem I. Theil der Staatswirthschaft, § 117.

Die sogenannte Hausarmen sind, in Ermanglung
nützlicher Manufacturen, sich und andern fast eben so,
wie die Bettler zur Last, und verhindern den guten
Fortgang des Nahrungsstandes. Auch diesen fehlet
es an genugsamer Arbeit und hinreichender Nahrung.
Die Hospitäle, Armekästen, und andere milde Stiftungen sind an den wenigsten Orten so beschaffen, daß
von ihnen allein deren gänzliche Versorgung anzu-
hoffen wäre. So bald hingegen dergleichen Leute bei
Manufacturen angestellt werden können, wirft der
Genuß der obgemeldeten Beiträge und Allmosen,
nebst dem Verdienst bei einer Manufactur so viel ab,
als zu ihrem nothdürftigen Unterhalt erfordert wird.

B 5   Ich

Ich verstehe dieses blos von solchen Hausarmen, denen
nur die schlechtesten Verrichtungen bei einer Manufactur anvertraut werden können; wer zu grössern,
wichtigern und folglich mehr Verdienst abwerfenden
Geschäften zu gebrauchen ist, kann sich ganz allein
von Handarbeit bei Manufacturen ohne weitere Bei-
hülfe ernähren. Da es aber auch unter den Hausarmen Leute gibt, denen es, bei aller Gelegenheit zu ihrem hinreichenden Unterhalt, an dem guten Willen
zur Arbeit fehlet, und die, wenn sie nicht müssen,
weder Hände noch Füsse regen: so hat man billig
Ursache, sie durch dienliche Mittel in die Schranken der Ordnung einzuleiten. Das bewährteste
Mittel, dergleiche träge Hausarmen herumzuholen,
ist, daß man ihnen die Wohlthaten und Beiträge
aus den milden Stiftungen auf einige Zeit, bis sie
selbst in sich gehen, und sich zum Arbeiten bequemen,
kärglicher abreiche, oder gar abnehme.

Dieses Mittel, ist so gerecht als billig, und die
Schrift selbst, als die vollkommenste Policei - und
Staatslehre thut hierinn den Ausspruch, daß, so jemand nicht arbeiten wolle, derselbige auch nicht essen
soll. Es ist aber nichts gewisser, als daß diese Leute der Hunger endlich arbeiten lehret.

Der Nuzen hievon ist augenscheinlich, die Anzahl der Hausarmen wird dadurch verringert, und
ihre Umstände werden wahrhaftig verbessert. Ein
gros-

grosser Theil derselbigen wird zu nützlichen Mitglie-
dern des gemeinen Wesens gemacht. Die milden
Stiftungen können alsdenn den würklich Armen, sowohl Einheimischen als Fremden, insonderheit den
alten Gebrechlichen und Verunglükten desto ergiebi-
ger aushelfen. Der Nahrungsstand aber hat von
einer so glüklichen Veränderung eben die Vortheile
zu gewarten, die wir oben bei den Bettlern angemerkt haben.

Die sogenannte Tagwerker oder Taglöhner sind
Leute, die entweder kein Handwerk erlernt haben,
oder das erlernte, in Ermanglung der dazu erforderlichen Gelegenheit, Geschiklichkeit, zeitlichen Mittel
oder wegen anderer im Weg stehender Hindernisse,
nicht treiben können, mithin ihr Brod auf eine andere Art suchen, gemeiniglich aber die gröbsten und
schwehresten Geschäften, als mähen, ernden, dre-
schen, strohschneiden, holzfällen, spalten und sä-
gen, akern, pflügen, haken, umgraben, Weinber-
ge bearbeiten, Wälder und Felder ausreuten, frisch
anbauen, einmachen, umzäunen, Gräben machen, fül-
len, öfnen, bei Maurern und andern Handwerkern,
handlangen, auch andere rauhe und mühsame Arbeiten übernehmen müssen. Weil nun ihre Verrichtungen, sie mögen in Haus- oder Feldgeschäften bestehen,
bald bestimmt bald unbestimmt sind, und sie sich in
solchen gemeiniglich nach Zeit, Ort und Umständen

richten

richten müſſen; ſo finden ſie zuweilen Gelegenheit, et=
was zu verdienen, zuweilen aber fehlt ſolche. Die
meiſten unter ihnen ſind daher den Hausarmen
und Dürftigen ſehr ähnlich, und da ihre An=
zahl in Ländern und Orten, wo keine Manufacturen
und Fabriken ſind, gemeiniglich gröſſer iſt, als daß
man einem jeden vor beſtändig Gelegenheit zur Ar=
beit verſchaffen könnte; ſo entſpringen auch aus ih=
rem Geſchlechte vielerlei Arten von Miſſiggängern
und Frevlern, die dem gemeinen Weſen zur Laſt, und
dem Nahrungsſtand zur Hinderung gereichen. Wo
aber Fabriken und Manufacturen ſind, da weißt
man die Tagelöhner eben ſowohl als die Bettler und
Hausarmen unterzubringen. Man braucht z. E. bei
einer vollſtändigen Katunfabrik durch allerlei Arbei=
ten, eine Menge ſolcher Leute von verſchiedenem Al=
ter, Geſchlechte und Kräften. Bei dem Spinnen
zum Verleſen Säubern und Streichen der Wolle. Bei
der Weberei zum Spulen, Zetteln, Klären und Zu=
richten des Garns. Bei der Weiſſen = und Farben=
bleiche zum Begieſſen, Waſchen, Pritſchen, Auflegen,
Aufheben, Aufhängen und Troknen der Waaare, auch
zur Nachtwache ꝛc. In der Drukerei zum Farben=
ſtreichen, Model = und Teppichwaſchen ꝛc. In der
Farbküchen und im Farbhaus zu Säuberung der
Geſchirre, zum Stoſſen der Farben und anderer Ma=
terialien ꝛc. Zum Feuren, Waſſertragen, Haſpeldre=
hen u. ſ. f. Einige bei der Wak, andere bei der
Mang,

Mang, und wiedr anhere bei den Glättischen. Diese zum Stärken, jene zum Preſſen, Ein - Aus - und
Umpaken, Hin - und Hertragen oder Führen der Waaren und anderer Bedürfniſſe. Brauchen demnach
viele Manufacturen in einem Lande auch viele Tagelöhner und Handlanger, ſo kann es an ihrer Verſorgung nicht fehlen, und man hat bei einer ſolchen
Einrichtung nicht zu beſorgen, daß ſie jemand zur
Laſt werden können. Dieſes alles und was bishero
ſonſt von Müſſigängern, Bettlern, Hausarmen und
Tagelöhnern in gegenwärtigen Blättern gemeldet,
von ihrem elenden Zuſtande in einem von Manufacturen und Fabriken entblößten Land oder Ort,
und hingegen von ihrer glükſeligen Veränderung,
durch Gründung und Anlegung nüzlicher Manufacturen angemerkt worden, könnte mit unzähligen Bei-
ſpielen beſtätiget werden, meiner Abſicht aber, nach
deren ich kein groſſes Werk, ſondern eine kurze Abhandlung zu ſchreiben gedenke, würde dieſes nicht ge-
mäß ſeyn, ob gleich nicht geläugnet werden kann, daß
allgemeine Wahrheiten vor die meiſten Menſchen weder faßlich noch rührend, vor den Augen liegende
Beiſpiele aber begreiflicher und überzeugender ſind.
Die Mittelſtraſſe wird alſo auch hierinn wohl die
beſte ſeyn. Ich ziehe demnach aus einer Menge von
Exempeln, die ſich bei einer in den Herzoglich-Wür-
tembergiſchen Landen ſeit zehen Jahren angelegten
Manufactur ereignet, nur folgende heraus: a) eine
betagte,

betagte, redliche, dabei aber vorhin dürftige Person, brach bei Gelegenheit einer Garnlieferung gegen die Verleger der Manufactur ohngefähr in diese Worte aus: „ GOtt selbst muß euch die Gedanken, „ dem armen Nebenmenschen, so augenscheinlich zu „ helfen, eingegeben haben, und wird euch dafür „ segnen, weil so viele Arme und Dürftige durch „ euch ernähret werden. Ich bitte ihn täglich „ um eure Erhaltung, und um den guten Fort- „ gang eurer Fabrik. Meine Kinder haben durch „ ihren Fleiß im Spinnen bisher mich und meinen „ Mann, und zugleich ein Stük Vieh im Stall „ erhalten, welches wir ohne ein solches Geschäfte, „ bei dem grossen Futtermangel, auch darauf erfolg- „ ten kalten und langen Winter gewiß, und mit „ demselbigen einen grossen Theil unserer Nahrung „ verlohren haben würden.

b) Ein armer Mann kam vor einiger Zeit in einem Dorfe, in welchem die gemeldete Manufactur, eine Spinnerei unterhält, in ein Haus, wo etliche Kinder an Spinnrädern saßen, deren Arbeit die Aeltern durch Säubern und Streichen der Baumwolle erleichterten und beförderten. Nach Beantwortung seiner Frage: vor wen sie arbeiteten? erkundigte er sich ferner, welchen Verdienst ein solches Geschäfte einbrächte? Und da man ihn versicherte, daß es die tägliche Nothdurft verschafte, und daß sie ohne daßelbige

selbige betteln müßten, konnte er sich nicht enthal-
ten, in die bitterſten Klagen über die elende Einrichtung in ſeiner Landſchaft auszubrechen, und die be-
trübte Anmerkung zu machen, daß man in derſelbigen armen Leuten keine Gelegenheit verſchaffe, ſich und
die Ihrigen durch ein anſtändiges Geſchäfte ernähren
zu können, daher er und noch viele andere genöthiget
wären, Weib und Kinder täglich dem Betteln nach-
gehen zu laſſen, die jedoch nicht ſo viel zuſammen
brächten, daß ſie davon nothdürftig leben könnten.
Auf die erhaltene Nachricht, daß man bei der Manufactur zu S - - einem jeden ohne Anſehen der
Perſon, Religion und des Landes, Gelegenheit zu einem täglichen Biſſen Brod verſchafte, wagte er es
endlich den Verlegern dieſer Manufactur ſeinen Noth-
ſtand vorzuſtellen, und vor die Seinigen um Arbeit
zu bitten, die er auch erhielt, und ſich indeſſen wohl
dabei befindet. Dergleichen Beiſpiele von ganzen Fa-
milien und Haushaltungen könnten zu hunderten an-
geführt werden, da ſie aber, alle zuſammen genommen, nicht mehr beweiſen würden, als die vorigen,
und eine kurze Abhandlung keine Weitläuftigkeit ge-
ſtattet; ſo dürfte es hieran genug ſeyn.

Nur noch eines kann ich unberührt nicht laſſen,
weil es die Vorzüge der Verſorgung der Armen,
durch Anweiſung eines ihren Umſtänden gemäſſen Ge-
ſchäfts bei Manufacturen, vor allen andern Verſor-

gungsarten, und insonderheit vor derjenigen, welche allein durch Hospithäler und Beiträge aus andern milden Stiftungen, geschiehet, recht überzeugend darleget. Die Amtsstadt N = = in dem Herzogthum Würtemberg hat einen Hospital, welcher vor den reichesten in diesem Lande gehalten wird. Gewiß ein grosser Vorzug, und allezeit eine vortrefliche Gelegenheit, viele Dürftige zu versorgen; niemalen aber ein Mittel die Anzahl deren und anderer Müßiggänger zu vermindern, als welche bei einer solchen Beschaffenheit vielmehr sich vergrössert, so lange nemlich die Obrigkeit nicht zugleich andere Wege zu finden weißt, die Armuth, durch Anweisung einer für sie tauglichen beständigen Arbeit, in den gehörigen Schranken einer guten Ordnung zu erhalten, als ohne welche die meisten Faullenzer und Verschwender sich mit denen grundverderblichen Gedanken trösten: der Spithal ist mir doch endlich noch gewiß genug, = die Beiträge aus den milden Stiftungen, können mir nicht entzogen werden, = der Ort muß mich wohl erhalten, = die Obrigkeit darf mich nicht verhungern lassen, = 2c.

Nur durch eine weise Einrichtung, kann dergleichen so schlecht denkenden Leuten begegnet, und dem durch sie sonst verursachenden Uebel gesteuret werden.

Diese

Dieſe Einrichtung beſtehet kürzlich darinn: a) daß alle Arme und Dürftige, welche noch etwas zu arbeiten im Stande ſind, ein ihren Kräften gemäſ= ſes Geſchäfte übernehmen müſſen, wenn ſie der Wohl= thaten aus milden Stiftungen fähig ſeyn wollen, und b) daß dergleichen milde Beiträge ihnen nur in ſolcher Maaſe abgereicht werden, in ſo ferne nem= lich der Verdienſt des Armen zu ſeinem völligen Un= terhalt nicht hinlänglich ſeyn möchte.

Das erkannte einer meiner Bekannten und Freunde ſehr wohl, und richtete daher auf dieſen Fuß zum Dienſt einer gewieſen Baumwollen = Ma= nufactur, und zum Nuzen der Armuth ſelbſt, in dem Oberamte B ꞏ ꞏ eine Baumwollen = Spinnerei ein, die ihme nach ſeinen Abſichten wohl gelunge. Da ihm nun vor einigen Jahren das Oberamt N ꞏ ꞏ gnädigſt anvertraut wurde, nahm er daſelbſt gleiche Maasregeln, und erreichte auch hier ſeinen Endzwek ſo gut, daß beides, die milde Stiftungen und die Armuth, davon Vortheile zogen, welches die von ihm an mich eingegangene freundſchaftliche Nachrichten beſtärken. Sie ſind würdig, gegenwär= tigen Blättern einverleibt zu werden. Die erſte vom 1. December 1763. lautet alſo: „Die Leute haben „durch allerlei gebrauchte Mittel ſich einen ſolchen „Eifer zum Baumwollenſpinnen beibringen laſſen, „daß in dem N ꞏ ꞏ Amt, welches nur halb ſo groß

C

„iſt

„ist als B ⸗ ⸗, eben so viel Baumwollen gespon=
„nen wird, als M ⸗ ⸗ aus dem B ⸗ ⸗ Amte und
„dem ganzen Fürstenthum H ⸗ ⸗ bekommt.„ Die
zwote vom 15. Jan. 1764. ist fast gleichen Inhalts.
Die dritte vom 12. Merz 1764. aber zeiget die heil=
same Würkungen solcher guten Anstalten an, und
ist sehr merkwürdig. Hier ist sie:

„Sie werden durch Herausgebung dieser Ab=
„handlung die Absicht haben, die Leser desselben, be=
„sonders die Würtemberger, so bisher noch einen
„ungeschikten und widrigen Begrif von Manufactu=
„ren gehabt haben, von dem wahren Nuzen dersel=
„ben zu überzeugen. In einem Lande, wo man
„bis auf neuere Zeiten so wenig auf Manufacturen
„geachtet, können die in solchem Lande selbst sich
„ergebenste Fälle den eindringendesten Beweis geben.
„N ⸗ ⸗ würde unter denselbigen vermuthlich einer
„der merkwürdigsten seyn, allwo, mittelst Anlegung
„der Baumwollenspinnerei, die einheimischen und
„von andern Orten herkommende Armen also besorgt
„werden, daß, die fremde Armen belangend, selbige
„in N ⸗ ⸗ nach dem Verhältnis der Grösse Stadt
„und Amtes, mehr als in einem Ort des Landes,
„auch mehr als in auswärtigen Orten bekommen;
„jedem in dem Ort sich aufhaltenden Armen aber,
„wenn er auch hundert Gulden und noch mehr, zu
„seiner und der Seinigen Unterhaltung gebraucht,
„wird,

„wird, so viel er nicht erwerben kann, auf den Hel=
„ler hinaus wochentlich abgereicht, und darf anbei
„vor den gebrauchenden Arzt und Arznei nichts be=
„zahlen, sondern bekommt noch bei dem Krankliegen
„einen, zween, auch wohl noch mehrere Gulden zu
„seiner Pflag. Es ist auch, durch die weitere da=
„mit verknüpfte Anstalten in dem gemeinen Wesen
„hieraus diese gute Würkung erfolgt, daß in Stadt
„und Amt N = = kein Bettler gesehen wird, und
„für mich habe ich dieses Vergnügen hievon, daß
„ich alle Abende versichert seyn kann, daß den ver=
„gangenen Tag in dem gedachten Stadt und Amte
„kein einiger, weder fremde noch einheimische Arme
„gewesen, so Hunger oder Noth gelitten hätte, er
„seye denn durch seinen eigenen Muthwillen schuld
„daran.

„Andere Professionen, als Zeugmacher, Strumpf=
„weber, Leinenweber ꝛc. haben hiedurch keinen Stoß
„gelitten, sondern ich habe vielmehr vor solche hie=
„bei gesorgt, daß sie genugsamen Stof zu ihren
„Handwerkern bekommen. Das Publikum aber hat
„diesen nahmhaften Vortheil erhalten, daß, nach
„der dieses Jahr aus den Rechnungen gezogenen
„Bilanz, ein tausend, fünf hundert Gulden weni=
„ger als in vorigen Jahren auf die Armen verwen=
„det worden. ꝛc.

Wen dieses Beispiel zu rühren, und von dem
Nuzen der Manufacturen, besonders in Absicht auf
die Müssiggänger, Bettler, Hausarmen und Tage=
lehner zu überzeugen nicht vermögend ist, der wird
gewis auch bei tausend andern unempfindlich bleiben.

Ich lasse es demnach hiebei, und wende mich,
in der von mir beliebten Ordnung, nunmehr von
den Tagewerkern oder Handlangern, zu den Fuhr=
werkern.

Einige Bauern und Landwirthe treiben bekannt=
lich das Lohn=Fuhrwesen als ein Nebenwerk, um
sich dadurch die Kosten ihres ohnehin zu halten be=
nöthigten Zugviehes zu erleichtern. Viele Menschen
hingegen legen sich fast allein auf das Fuhrwerken,
und suchen vornemlich damit ihren Lebensunterhalt.
Sie sind, (nebst den Posten, wovon hier nicht die
Rede ist,) entweder sogenannte Lohnkutscher, welche
hauptsächlich die Menschen, oder Landfuhrleute, wel=
che nur die Güter und Waaren, von einem Ort in
den andern, oder aus einem Reiche und Land in das
andere gegen ein bestimmtes Frachtgeld oder Fuhr=
lohn ab = und zuführen. Nun gehen die Waaren
blühender Manufacturen und Fabriken in einer fast
immerwährenden Bewegung aus einem Reich, Land
oder Orte in ein anderes, dagegen müssen eben diese
Manufacturen und Fabriken manche Bedürfnisse aus
andern Reichen, Ländern und Orten herbei kommen.
lassen.

laſſen. Wer ſollte es alſo nicht begreiffen, wie vieles dieſelbige zu der Nahrung der Landfuhrleute,
und dieſe hinwiederum zu der Verbeſſerung anderer
Stadt- und Landwirthſchaftlicher Gewerbe beyzutra-
gen, vermögend ſind?

Was aber das Landfuhrweſen in Anſehung derjenigen Waaren und Bedürfniſſe, die auf der Achſe
hin- und hergeführt werden, gewinnt; das erhält
die Schiffarth bei ſolchen, die Noth oder Nuzens
halber zu Waſſer ab- oder eingehen.

Ueberhaupt haben durch die Ab- und Zufuhr
der Waaren eine Menge Menſchen ihre Beſchäfti-
gung, und die Einwohner eines Landes vermehren
ſich, welches der Grund zu eines Landes Wohlfarth
iſt: eine Wahrheit, die keines ferneren Beweiſes
bedarf. Schwed. Abhandlung zweiter Band,
S. 90.

Wir ſchreitten weiter zu den Stadtgewerben,
Zünften und Handwerkern, mit Einſchluß der Künſtler und der ſogenannten Profeſſioniſten. Laſſet uns
erſtlich ſie in einem von Fabriken und Manufacturen entblößten Lande betrachten: in einer traurigen
Geſtalt und mit den bitterſten Klagen werden ſie
uns ihr Elend verkündigen.

Da beſchwehrt man ſich über die ſchlimme und nah-
rungsloſe Zeiten; dort über den unter den Leuten ein-

ge-

gerissenen Geldmangel; über die starke Anzahl seiner
Kinder, die man nicht zu ernähren wisse; über sein
Handwerk und Handthierung, welche keinen Fortgang haben, oder welche übersezet seyen, so daß kein
Bürger und Meister vor dem andern aufkommen
könne; über die Menge Menschen überhaupt, die
sich einander zur Last werden, da immer einer dem
andern im Weg stehe; über den Preiß der Lebens-
mittel, die man sich und den seinigen nicht mehr
anzuschaffen wisse; über den Mangel der Gelegenheit
ein Stük Brod zu verdienen; über die erhöhte Abgaben, die man unerschwinglich nennt, und über
hundert andere Dinge mehr.

Daraus entstehen alsdenn viele ungereimte Wünsche und Ausbrüche. Einer wünscht seiner Kinder,
der andere seinen eigenen Tod als das Ende seines
Jammers; der dritte nimmt sogar seine Zuflucht zu
Pistohlen, Strik oder Wasser, und erschießt, erhängt
oder ersäuft sich selbst.

Die noch das sicherste zu erwählen vermeinen,
verlassen ihr Vaterland, und suchen ein bessern Glüke
in entfernten Ländern, oder wohl gar in einem andern
Welttheile, wo sie es gemeiniglich schlimmer finden,
als sie es verlassen haben.

Unzufriedene Menschen! Was helfen euch alle
solche Klagen und Ausbrüche? warum denket ihr
nicht

nicht vielmehr auf geschikte Mittel und Wege, jenen
zu begegnen und diesen vorzubiegen.

Nehmet eure Zuflucht zu Manufacturen und
Fabriken, und erwartet von ihnen eine gewiese,
schleunige und nachdrückliche Hülfe.

Wie! möchtet ihr etwan fragen: stehen denn
die Manufacturen und Fabriken auch mit den Stadtgewerben, und insbesondere mit den Künsten, Pro-
feßionen und Handwerkern in einer so engen Verbindung, daß von dem Daseyn, oder dem Mangel
der ersten, der Wohl- oder Uebelstand der leztern
abhangen sollte? Allerdings!

Ein Herr von Justi soll hierinnen den Ausschlag
geben. Man darf, schreibt derselbige, nur diejenige
Länder, die keine Manufacturen und Fabriken haben,
aufmerksam betrachten. Ein solches Land wird wenige oder gar keine Städte haben, die diesen Nahmen in der That verdienen. Seine Landstädte werden
mit Mauren umgebene Dörfer seyn, worinn man
Wirthschaft treibet, und worinn die unentbehrlichen
Handwerker wohnen. ♦ ♦ Eine ganz andere Beschaffenheit aber wird es mit einem Lande haben, welches blühende Manufacturen und Fabriken hat. Ein
solches Land wird voller blühender Städte seyn, und
wenn es keine andere Manufacturen hat, als nur
der innerliche Gebrauch erfordert, so wird es noch

ein-

einmal so viel Inwohner haben, als das vorgedachte
Land, wenn aber seine Manufacturen starken aus=
wärtigen Vertrieb finden, so kann es gar leicht noch
zweimal so viel Einwohner in sich schliessen. = = Auß=
ser der grossen Menge Menschen, die dadurch Nah=
rung und Unterhalt finden, so bedürfen diese Arbei=
ter wiederum tausend andere Nothwendigkeiten des
Lebens, welches natürlicher Weise eine Vermehrung
aller Handwerker und Gewerbe nach sich ziehet, und
da diese Handwerker den Verbrauch der Manufa=
cturen und aller anderer Nothwendigkeiten vermeh=
ret, so gehet die Vermehrung der Einwohner beständ=
dig fort. = =

Wir wollen die Sache noch etwas genauer be=
trachten. Der Handwerksmann, welcher in einem
Orte wohnet, wo keine Manufacturen oder Fabriken
sind, siehet sich von einer ungeheuren Anzahl Bettler
und anderer Müssiggänger für beständig gleichsam
belagert, die ihm und den seinigen das Brod vor
dem Mund weg nehmen.

Ein grosser Theil der Inwohner selbst eines
solchen gewerblosen Orts, bestehet aus Bettlern,
Hausarmen, und müssigen Tagelöhnern, die ihres
Lebens nie froh werden, nakend und blos einherge=
hen, Jahr aus Jahr ein an dem Hungertuche na=
gen, und ihre gröste Labsal etwa noch in einem Ge=
richte Erdbirn und in einem Trank Wassers finden.
                                                    Wie

Wie sollte es nun an einem solchen Orte, um die Nahrung der Kaufleute und Krämer, der Wirthe, Mezger, Beker, Schuster, Schneider, Weber und aller übrigen Handwerksleute wohl stehen konnen?

Dieses ist an und für sich unmöglich. Eine ganz andre Beschaffenheit aber hat es an Orten, wo blühende Manufacturen sind. Die in grosser Anzahl aus ihrem vorigen Elende gezogene und in tüchtige Manufactur-Arbeiter verwandelte Bettler, Hausarmen und Tagelöhner sehen nun ihren täglichen und sichern Verdienst vor Augen, daher sie, wie andre Leute, die ihr Auskommen haben, in der Ordnung essen, trinken, sich kleiden und ergözen. Wie nüzlich dieses den Stadtgewerben und Handwerkern seyn müsse, wird ein jeder leicht einsehen. Die, neben den Ingesessenen, bei einer blühenden Manufactur sich von einer Zeit zur andern einfindende Künstler und Arbeiter, vermehren die Anzahl der Einwohner, und verbessern, da sie ihr Geld im Orte wieder verzehren, die Umstände der vorberührten und aller übrigen Stadtgewerbe auf das nachdrüklichste. Andre Auswärtige, die herbeikommen, entweder solche Manufacturen zu besehen, oder die bei denselbigen ihre Bedürfnisse ablangen, oder die zu solchen etwas zu liefern haben, tragen zu dieser Verbesserung das ihrige mit bei, weil unter vielen, welche auf dergleichen Art in den Ort kommen, wenige wieder hin-

aus

ausgehen, die nicht zuvor in denen Gasthöfen,
Wirthshäusern, Wein= und Bierschenken, Kram=
und Handwerksläden 2c. Geld zurüke liessen.

Alles könnte durch die tägliche Erfahrung bestä=
tiget, und mit vielen Exempeln erläutert werden, wo=
von ich aber, Kürze halber, nur eines anführen will.
In meinem gegenwärtigen Wohnplaz, so eine kleine
Landstadt ist, war vor zehen Jahren noch keine Ma=
nufactur, endlich wurde eine angelegt, die jezt an=
fangt blühend zu werden. Ehe dieses geschah, war
eine fast allgemeine Klage, daß die Fleischhauer oder
Mezger die Inwohner durchgängig mit elendem
Fleisch belästigten, und, ausser magern Kühen, fast
nichts schlachteten. Die Obrigkeit, die dieser Klage
abhelfliche Maase geben wollte, bekam aber von den
Mezgern, auf den ihnen gemachten Vorhalt, die
unerwartete Antwort: die Stadt bestünde etwa aus
dreihundert Haushaltungen, worunter die meisten von
solcher Art wären, daß sie nicht an das Fleisch essen
gedenken dürften. Von den übrigen, deren Umstän=
de es noch gestatteten, ein Stük Fleisch zu geniessen,
behelfen sich viele bloß mit dem, so sie zu Zeiten in
das Haus zu schlachten vermögen. Die wenige Häu=
ser der Beamten, Geistlichen, Wirthe und wohlha=
benden Bürger machten die Sache allein nicht aus;
der Ort habe keine Landstrasse, das Handwerk der
Mezger aber, sey bis auf dreissig Meister angewach=
sen,

fen, mithin überfezt, so daß diejenige, welche keine
Feldgüter, oder kein andres Gewerbe dabei hätten,
nothwendig verderben müßten.

Es ist leicht zu erachten, daß, bei einer solchen
Lage der Sachen, die Obrigkeit den amtlichen Ernst
mehr in Worten als mit der That zeigen konnte.

Wir genießen aber, gleichwohl seit einigen Jahren das beste Fleisch, so man nur immer wünschen
kann. Woher kommt wohl dieses? vor einigen Wochen bekam ich den Aufschluß hievon. Ich gieng von
ohngefehr durch die Fleischbänke. Ich fragte: wie
der Markt sey? „gut! war die Antwort, und der Fa-
„brik haben wir es zu danken, daß wir jezo man-
„ches Pfund Fleisch aushauen können, welches wir
„in vorigen Zeiten, zu unserm Schaden selbst behal-
„ten mußten.

Wollten die Wein- und Bierwirthe, die Be-
cker, Schuster, Schneider und andre Handwerksleute
ein gleiches aufrichtiges Geständniß ablegen, so würden sie einhellig bekennen müssen, daß diese Manufactur auch bei ihnen einen nützlichen Einfluß gehabt
habe. Von Steinhauern, Maurern, Zimmerleuten,
Glasern, Schreinern oder Tischlern, Drechslern,
Kiefern und Küblern, Seilern, Grob-Nagel-Waf-
fen- und Kupferschmiden, Schlossern und andern
Handwerkern will ich nicht einmal weitläuffige Er-
weh-

wohnung thun, denn diese sind sowohl bey dem An=
fang, als bei dem Fortgang einer Manufactur oder
Fabrik, in Ansehung der Gebäu, Maschinen und
andrer Nothwendigkeiten, ohnehin ganz unentbehr=
liche Leute. So sehr man auch, wie es rathsam ist,
bei einer angehenden Manufactur, sich vor der Bau=
sucht hütet; so vieles Geld muß man gleichwohl an
die Verfertigung und Erhaltung der unentbehrlichsten
Häuser, Maschinen und anderer Nothwendigkeiten ver=
wenden.

Man baut nun bey der Manufactur, von wel=
cher die Rede war, seit sechs und mehrern Jahren
her fast beständig fort, ohne daß man gegenwärtig,
auch nur an dem nöthigen, ein Ende sehen sollte.
Denn, fängt eine Manufactur einmal an, sich zu
empfinden, und ihren blühenden Zustand zu fühlen; so
höret das Bauen und Maschinen machen fast gar
nicht mehr auf. Nichts scheinet gut genug zu seyn,
man will es immer noch besser und brauchbarer ha=
ben. Ich kenne Fabrikanten, die ganz klein anfien=
gen, nun aber bereits dreissig und mehrere tausend
Thaler in Gebäu und Maschinen gesteckt haben, und
zu bauen doch noch nicht aufhören. Wie gut sich
dabei die obenerwehnte Handwerksleute nebst andern
Künstlern und Arbeitern befinden müssen; fället einem
jeden in die Sinnen. Es kann aber eine rechtschaf=
fene Manufactur auch, ohne Absicht auf neue Ge=

bäu

bâu und Maschinen, oder Erhaltung der vorhande-
nen, verschiedene Handwerksleute zu ihrem eigenen
und besondern Dienst gebrauchen. So hat z. E. eine
vollständige Katunfabrik, d. i. eine solche, die sich von
der Spinnerei bis zur Ausrüstung der Waare einläs-
set, ohne die vielen Weber, zu täglich vorkommen-
den Geschäften, vor beständig nachfolgende Handwerksleute und Künstler nöthig: zu der Zurüstung der
Wolle einen oder mehrere Kämm- und Streichkarten-
macher. Bei der Spinnerei einen oder mehrere
Drechsler zu Verfertigung der Spindeln, Spinnrä-
der, Würtel, Häspel, rc. Bei der Weberei, nebst
den von dem Dreher gemachten Spuhlen und Spuhl-
rädern, auch von dem Schreiner oder Zimmermann
verfertigten Webstühlen, einen oder mehrere Geschirr-
macher und Blättersezer.

Bei dem Model- oder Formenschneiden, einen
Tischler zu Abrichtung des Modelholzes und anderer
täglich vorfallenden Schreinerarbeit. In dem Farbhaus einen oder mehrere erlernte Färber rc. ja, was
noch mehr ist, so siehet man Schuster, Schneider,
Strumpfweber, Beker, Maurer, auch andere Handwerksleute und Professionisten, auch Künstler, jezo zu
S - - unter den Formenschneider, Katundrukern,
und bei andern Manufacturarbeiten angestellt und
versorgt, die zuvor bei ihrem erlernten Handwerke, entweder, weil solches nach der gewöhnlichen schlechten Einrichtung,

richtung, würklich überſezt war, oder weil ſie aus
andern Urſachen dabei nicht wohl fortkamen, Kummer und Mangel litten.

Eine ſolche glükſelige Veränderung ziehet demnach auch dieſen Nuzen nach ſich, daß man auf die
künftige Zeiten nicht mehr zu beſorgen hat, es möchte etwan ein Hanwerk überſezet werden, denn eben
dieſe Schuſter, Schneider und andere mehr, werden
einige ihrer Söhne den Manufacturen widmen, welche, in Ermanglung derſelben, ein anderes und vermuthlich ihres Vaters Handwerk, entweder aus einem Vorurtheil oder aus Mangel der Mittel zu
dem erforderlichen Lehrgelde, hätten ergreifen müſſen.
Hieraus erhellet ganz klar, daß durch die Manufacturen und Fabriken, gleichſam unvermerkt ein richtiges
Verhältnis unter den Handwerkern hergeſtellet werde, und in dieſem Falle darf man ſicher hoffen, daß
die unglükſelige Mitteldinge zwiſchen Bauren, Handwerkern und Tagelöhnern, ſich nach und nach ver-
lieren werden. Denn was kann gutes daraus kommen, wenn der Handwerksmann heute hinter dem
Pflug gehet, und den Bauer- oder Akersmann vor-
ſtellet, morgen aber am Werkbank ſizt oder ſtehet,
und den folgenden Tag bei ſeinem Mitbürger um
Koſt und Lohn, ſolche Verrichtungen übernimmt, die
eigentlich für die Taglöhner oder Handlanger gehören.

Noch

Noch ein mehreres beizufügen, um den nützlichen Zusammenhang der Manufacturen mit den übrigen Handwerkern und Stadtgewerben zu zeigen, würde überflüssig seyn.

Wir gehen also weiter und beleuchten in der Kürze noch den heilsamen Einfluß der Manufacturen in die Landwirthschaft. Wir haben hievon dem Herrn Salander eine schöne Rede zu verdanken, worinn er unter anderm folgendes angemerkt: „das „ Gewerbe der Landleute, welches sich mit Recht auf „ den Akerbau und die Viehzucht gründet, ist un„ streitig die unschuldigste und sicherste von allen „ Nahrungsarten. Wenn man sie aber vor sich „ selbst und von andern abgesondert betrachtet, so „ ist sie elend und beklagenswerth, da sie weder Ge„ selligkeit, noch Bequemlichkeit und Sicherheit, „ drei unserm Geschlechte höchstnöthige Dinge, mit „ sich führet. Der Mangel kluger Rathgeber, be„ schwerliche Drangsalen, und ein den Gefährlich„ keiten unterworfenes Leben ist der unangenehme „ Theil solcher Landleute. Unwissenheit und Hin„ terlist sind hievon beschwerliche Folgen. Armuth „ und Noth paaren sich mit diesem Zustande. Furcht „ und Jammer regen sich stets vor wilden Thieren, „ Feinden, und vor der Gewaltthätigkeit aller Ele„ mente, und dieses zwar ohne alle Hülfe, wenn „ man deren bedarf. Machet die Natur das Jahr „ karg

„ farg und sparsam, so weißt ein solcher Landmann
„ keinen Ausweg. Gibt der Himmel Seegen, so
„ kann er auch diesen nicht gehörig nuzen.

„ Die Vorsehung, welche alles wohl geordnet
„ hat, hat dahero schon in den ältesten Zeiten die
„ Nahrungsart des Landmannes auch andern nüz-
„ lich gemacht, und die Erfahrung beweiset, daß der
„ Landmann am besten fortkomme, wenn noch dazu
„ Menschen von anderer Art Gewerbes in Bewe-
„ gung gesezet werden. Die lezte Zeit, worinn wir,
„ wie man glaubt, leben, überzeuget alle und jede,
„ daß der Landbau an denjenigen Orten auf der Erd-
„ kugel fürtreflich in Aufnahme gebracht und erhöhet
„ sey, an welchen derselbe Manufacturen und Hand-
„ lung zur Beyhülfe gehabt hat.

Der Herr von Justi drükt sich hierüber in dem ersten Theile seiner vollständigen Abhandlung von Manufacturen auf der 21. Seite also aus:

„ Ein Land, das keine Manufacturen und Fa-
„ briken hat, wird auch allemal träge, schläferige und
„ unthätige Unterthanen haben. Sie werden den
„ Akerbau, die Viehzucht und die unentbehrliche
„ Handwerke nach dem alten Schlendrian so nach-
„ lässig hintreiben: das platte Land und die Land-
„ städte werden in Elend und Dürftigkeit, die Haupt-
„ stadt aber, die alle Kräften des Landes an sich zie-
„ het,

„ het, wird in Ueppigkeit und Verschwendung leben,
„ und zum Guten eben diese Trägheit an sich wahr-
„ nehmen laffen. ‒ ‒

Eben derſelbige ſchreibt auf der 18. Seite: „ die
„ Landwirthſchaft kommt durch die Manufacturen in
„ mehrere Aufnahme, und das platte Land kann dannen-
„ hero mehr Einwohner haben. Der gewiſſe Abſaz
„ der Landwirthſchaftsproducte ermundert die Land-
„ leute, den Boden immer mehr zu cultiviren. Die
„ Städte des Landes werden alsdenn dasjenige, was
„ ſie, ihrem Endzwek nach ſeyn ſollen, nemlich der
„ Zuſammenhang aller Gewerbe in dem Staat, und
„ die groſſe Pulsadern, wodurch das Geld als das
„ Blut des Staats circulirt, und dem ganzen Staatskör-
„ perLeben undThätigkeit giebet. Die Landleute verſorgen
„ die Einwohner der Städte mit allen Arten von na-
„ türlichen Gütern, und holen alle künſtliche Waaren
„ zu ihrer Nothdurft und Bequemlichkeit in den Städ-
„ ten, und beide befinden ſich dabei wohl.

Auf der 42. Seiten meldet er: „ Gleichwie die Voll-
„ kommenheit der Landwirthſchaft zu dem guten Zu-
„ ſtande der Manufacturen und Fabriken viel beiträgt;
„ ſo ziehen gemeiniglich blühende Manufacturen und
„ Fabriken auch einen blühenden Zuſtand der Landwirth-
„ ſchaft nach ſich. Wenn die Arbeiter bei den Manu-
„ facturen und Fabriken ſich vermehren, und die

D   „ Land-

„ Landleute folglich alle ihre Producte sofort guten
„ Preises abseßen können; so erreget dieses den Fleiß
„ der Landleute, daß sie ihren Boden auf das beste
„ cultiviren, und diese Producte in Menge zu erzeu=
„ gen suchen. Dieser Ueberfluß von Producten zie=
„ het sodenn ihren wohlfeilen Preiß nach sich. Es ist
„ also ein Wechseleinfluß vorhanden, der zwischen bei=
„ den den allergenauesten und engesten Zusammenhang
„ veranlasset. Man findet dannenhero gemeiniglich,
„ daß die Aufnahm der Manufacturen und der Land=
„ wirthschaft mit gleichen Schritten fortgehen. Die=
„ ses beweiset das Beispiel von Engelland, wo die
„ Landwirthschaft nach der Mase zur Vollkommen=
„ heit gestiegen ist, wie die Manufacturen immer
„ blühender geworden sind.

Also beschreibet uns ein Herr von Justi den nüß=
lichen Zusammenhang der Manufacturen mit der Land=
wirthschaft, und seine Beschreibung ist richtig. In einem
Lande, wo keine Manufacturen und Fabriken sind, wird
man entweder gar nicht, oder sehr langsam auf den Bau
des Saflors, des Waides, der Färberröthe und an=
derer Farbkräuter verfallen. Wo hingegen derglei=
chen vorhanden sind, da wird der Landmann, wenn
er siehet, daß deren Anbau zu Behuf der Manufactu=
ren dienet, daß der Boden des Landes dazu bequem
ist, daß er solchen neben dem Getreidebau und ohne
Abbruch desselbigen abwarten kann, und daß jener
ihm

ihm gröſſern Nuzen ſchaft, als dieſer, ihn gewiß nicht
verſäumen; dadurch aber bleibt nicht nur das einhei-
miſche Geld im Lande, ſondern es kann auch noch
fremdes dazu hereinkommen. Die Herzoglich-Würtembergiſche Landſtadt Sulz gehet andern hierinn abermal mit gutem Exempel voran. Daſelbſt iſt ſeit
dreien Jahren eine Grapp-plantage angelegt, welche
erwünſchten Fortgang hat. Die Pflanzen ſind von
recht guter Art, und man hat durch die bei der daſelbſt errichteten Indiennefabrike gemachte Proben
würklich gefunden, daß dieſer innländiſche Grapp auf
die Katune mit dem Seeländiſchen gleiche Würkung
thut. Von einem Achtels-Morgen Plaz nahm der
Planteur im Frühjahr 1764. die blos um der Vermehrung willen dreiſſig Monat lang im Grund ge-
ſtandene alte Stöke, die ſonſt in achtzehen Monaten
hätten benuzt werden können, aus, und bereitete ſie
gehörig zur Färberei. Daraus erlöſete er aufs Ge-
wichte, nach denen jeztlaufenden Preiſen, fünfzig Gulden. Dieſes ſollte ja auch die Unglaubigſten von der
Möglichkeit und dem Nuzen des Grappbaues in den
Herzoglichen Landen, zu überzeugen vermögend ſeyn.

Auch auf die bei dem Landleben ſich je und je er-
eignende auſſerordentliche Begebenheiten, Unglüksfälle
und andere Fehler, als Mißwachs, Wetterſchlag und
mehrere dergleichen Heimſuchungen, ſind die Manufacturen und Fabriken eine gewiſſe Hülfe und ein ſehr

D 2

res Rettungsmittel. Man kann es zu S . . aus
der Erfahrung beweisen, daß das auf dergleichen Art
heimgesuchte Landvolk, welches sich sonst von dem
Feldbau und der Viehzucht allein ernährete, in einer
solchen Noth seine Zuflucht zu Manufacturgeschäften,
z. E. zum Baumwollenspinnen genommen, und dadurch eine merkliche Erleichterung des erlittenen Unglüks empfunden hat.

Noch sind die Commercien übrig, oder die Handlung, dieses so wichtige Stük in einem Staate, diese
Mutter des Reichthums, diese wahrhaftige Quelle, wovon eines Reiches Macht und Stärke herrühret, welche die Menschen aus ihrer natürlichen Trägheit ermuntert, welche sie zu nüzlichen Bewegungen leitet,
welche die Arbeit und allerhand Handwerke befördert,
welche sie endlich alle zusammen mit baarem Gelde be-
zahlet, wodurch nicht allein besondere Haushaltungen für sich glüklich fahren, sondern auch ein ganzes
gemeines Wesen bei seinen Nachbarn in Ansehen ge-
langet, welche das Mittel ist, wodurch das Geld in
ein Reich eingeschaft, und viel tausend Menschen versorgt werden, die sonst kein Brod hätten, welche den
treuen Haushalter vorstellet, der durch seine Emsigkeit
alles herbeischaffet, was zu Kriegs- und Friedens-
zeiten nothwendig ist, welche bei den leztern den Grund
zu der Menschen Glükseligkeit leget, und bei den er-
stern ihre Macht und Sicherheit befördert, welche einem

nem Lande Reichthümer und Vermögen, den In⸗
wohnern deſſelbigen aber Glük und Wohlergehen brin⸗
get, welche die Wiſſenſchaften belebet, u. ſ. f.

Und welchen Vortheil ſollte wohl dieſe von einem
verehrungswürdigen Plomgren, in ſeinen Gedanken
von der Handlung, mit eben ſo vielen als billigen Lob⸗
ſprüchen erhabene Handlung, durch die Manufactu⸗
ren erwarten können? Gewiß einen nicht geringen.
Es bezeuget dieſes der erſtbelobte Herr Plomgren, da⸗
durch, daß er endlich allem obigen noch beifüget: „Ein
„ Land kann niemals in der Handlung zunehmen, wo
„ es nicht eine zulängliche Menge an Volk und Ar⸗
„ beitern hat. „ Schwed. Abhandl. zweiter Band,
S. 93.

Iſt dieſes nicht eben ſo viel, als wenn er geſagt
hätte: ein Land kann niemals in der Handlung zu⸗
nehmen, wenn nicht blühende Manufacturen und Fa⸗
briken den Grund dazu abgeben, und den Handel be⸗
leben.

Denn niemand kann es leugnen, und niemand
wird es leugnen, daß blühende Manufacturen und
Fabriken der beſte und ſicherſte Grund einer dauer⸗
haften Handlung ſind, und ein jeder muß zugeben,
daß es nicht einmal möglich ſey, zu einer blühenden
und dauerhaften auswärtigen Handlung zu gelangen,
wenn nicht blühende Manufacturen und Fabriken den

Grund

Grund dazu abgeben. Von Justi vollständige Abhandl. von Manufacturen und Fabriken, 1. Th. 1. Abschn. S. 22. Staatswirthschaft, 1. Th. §. 183. 184. 187.

England, Frankreich und Holland, haben ihren starken Handel vornemlich ihren mannigfaltigen und guten Manufacturen zu verdanken.

So gewiß dieses ist; so gibt es doch eine Art Kaufleute, welche die inländische Manufacturen auf alle Art und Weise zu verhindern suchen, die aber von dem Verfasser, der wohlgerathenen Schrift: Oesterreich über alles, wenn es nur will, S. 11. bis 14. nachdrüklich abgefertiget werden. Von dergleichen kriechenden Creaturen sind wohl zu unterscheiden, diejenige rechtschaffene Handelsleute, welche theils inländische theils auswärtige rohe Güter, nachdeme sie zuvor im Lande zubereitet, veredelt und in die gehörige Form gebracht worden sind, in Manufacturen sowohl in- als ausser dem Lande verkauffen, dadurch das Geld im Lande behalten, und noch fremdes dazu hereinbringen, oder welche zwar ausländische Waaren einkaufen, aber wieder ausser Landes verkauffen, oder die endlich nur solche ausländische Waaren hereinbringen, welche im Land selbst nicht zu haben sind, und deren Gebrauch doch eingeführt ist. Solche Kaufleute sind nicht nur zu dulten, sondern auch viele unter ihnen zu ehren und

hoch-

hochzuschäzen, nach eben diesem Schriftsteller,
S. 13. 14.

Ueberhaupt hat man dahin zu trachten, daß die
Verleger der Manufacturen und die Handelsleute in
einem Lande zu ihrer beiderseitigen und der allgemeinen Wohlfarth, neben einander bestehen können, und
aufrecht erhalten werden mögen. Fehlet aber ein
Theil zum Schaden und Nachtheil des andern, und
lässet sich nicht in Güte zu recht weisen, so hat die Lan-
desregierung zu allen Zeiten die allerkräftigsten Mittel in der Bereitschaft, dem Fehlenden Einhalt zu
thun, und einen jeden in die Schranken einer ver-
nünftigen Ordnung einzuleiten. Z. E. Es wollten
sich die Verleger der Manufacturen und Fabriken
beigehen lassen, mit ihren verfertigenden Waaren im
kleinen zu handeln; so wäre denenselbigen, ein solcher den Handelsleuten und Krämern nachtheilige
Eingrif von Obrigkeits wegen zu verbieten, und etwa,
bloß gegen Anfänger auf kurze Zeit einige Nachsicht
zu haben. Würden hingegen die Kaufleute im Land
sich unterfangen, der Menge, Güte, Schönheit und
annehmlicher Preise inländischer Manufacturen ungeachtet, fremde Waaren solcher Art in das Land
herein, und unser gutes Geld, dafür hinaus zu schlep-
pen, um auf diese Weise mit dem allgemeinen Schaden ihren besondern Nuzen zu schaffen; so wäre
auch ihnen dieses schädliche Handwerk niederzulegen,

und, um hierinn desto gesicherter zu seyn, entweder
den Verlegern der Landesmanufacturen zu erlauben,
ja im Nothfall zu befehlen, ihre Waaren auf einige
Zeit ebenfalls im kleinen abzusezen, oder man könnte
die ausländische Waaren dieser Gattung, und deren
Einfuhr ins Land, durch den kürzesten Weg gänzlich
verbieten, oder wenigstens dieselbige mit starken Ein-
gangsrechten, schwehren Zöllen, und andern Auflagen belegen, damit durch solche die inländischen Manufacturen niemals Noth litten.

Dieses mag von dem Einfluß der Manufacturen in die Commercien genug seyn.

Wollte jemand von mir noch erwarten, daß
ich auch den Nuzen, den die Manufacturen ihren
Verlegern, wenn sie vernünftig zu Werke gehen,
verschaffen, anzeigen sollte, dem dient zur Nachricht,
daß solches meinem gegenwärtigen Endzweke nicht ge-
mäß seyn würde.

Indessen ist gewiß, daß eine vernünftige Einrichtung und fleissige Obsicht bei einer Manufactur
nicht nur dem gemeinen Wesen, sondern auch denen
Verlegern der Manufactur selbst nüzlich seyn
muß. Und wer kann ihnen wohl diesen mit Recht
mißgönnen? Wer dem Staate, angezeigter massen,
auf so vielfältige Art Nuzen schaft, der ist nicht zu
verdenken, wenn er dabey auch seinen eigenen Vortheil

theil zu bewürken weißt. Eine Hand wäscht die andere, und bei einer solchen Einrichtung wird dem
Bettler, dem Dürftigen und Haußarmen, dem Tagelöhner, dem Fuhr- und Handwerksmann, dem
Stadt- und Landwirth so, wie dem Künstler, Ma-
nufacturier, Fabrikanten, Kauf- und Handelsmanne,
einem jeden in seiner Art geholfen, es werden zugleich die sämmtliche Nahrungsgeschäften in ein richtiges Verhältniß gegen einander gebracht, oder in das
gehörige Gleichgewichte gesezet, das Geld bleibt im
Lande, wird durch auswärtiges noch vermehret, und
dessen beständiger Umlauf aus einer Hand in die
andere befördert, folglich der Unterthan zufrieden,
vergnügt, reich und glüklich gemacht, je nachdem es
seine Umstände erfordern oder zulaffen, oder es bekommt, wie sich Plomgren in der angeführten Stelle
S. 93. ausdruket, solchergestalt der Akermann für
seinen angewendeten Schweiß und Arbeit seine billi-
ge Vergeltung, der Handelsmann streicht für seine
gehabte Mühe und Gefahr einigen Gewinn ein, der
Arme aber kann sein Brod ohne Seufzer und Thrä-
nen genieffen.

Sind nun die Vortheile, die ein ganzes Land
von Manufacturen und Fabriken zu hoffen hat, so
groß und so wichtig; wie kommt es denn, daß wir
sie in Teutschland und insonderheit in den Herzog-
lich-Würtembergischen Landen nicht mit grösserm

D 5 Ernste

Ernſte durchſezen! Iſt uns doch Holland hierinn
lange vorangegangen, und hat durch Fleiß und Ge-
ſchiklichkeit mittelſt ſeiner Manufacturen und Handlung erlangt, was ihm die Natur zu mißgönnen
ſchiene. Wir dürfen aber die Sache ſo weit nicht
herholen, wir finden bey uns ſelbſt deutliche Spuren
von denen Vortheilen, welche die Manufacturen
nach ſich ziehen. Wer iſt wohl, der die ſichtbaren
Vorzüge von Calw, Urach, Heidenheim, Sulz ꝛc.
wo dergleichen heilſame Anſtalten vorhanden ſind,
gegen andre Städte des Landes, wo ſie noch abgehen, und dieſer Fehler nicht ſonſt durch ein Gewerbe
erſezt iſt, mißkennen ſollte! und wem iſt hingegen
die ſchlechte Nahrung mancher Landſtädte, die man
bloß an den Mauern als Städte erkennen kann, ver-
borgen! Ich will von dem elenden Zuſtande ſolcher
unmauerten Dörfer unter vielen nur ein einiges Beiſpiel anführen. Die höchſte landesherrliche Befehle
ruften mich vor einigen Jahren in eine ſolche kleine
Landſtadt. Die mir gnädigſt aufgetragene Verrich-
tung erforderte eine Zeit von etlichen Wochen. Es
war der Chriſtmonat, den ich daſelbſt zubrachte. Der
Gaſthof, den ich bezog, und der vor den beſten in
der ſogenannten Stadt gehalten wurde, war einer
Bauerhütte, und das mir angewieſene Zimmer einem
Gefängniſſe ähnlich, ich nahm daher meine Zuflucht,
nach dem jedesmaligen Beſchluß meiner täglichen
Geſchäften, gemeiniglich in die groſſe Gaſt- oder

Wirths-

Wirthsstuben. In solcher fand ich alle Abende eine
Gesellschaft von zwölf und mehrern Perſohnen, die
ſich nach ſechs Uhr einfanden, und bis gegen Mit-
ternacht aufhielten. Man würde ſich irren, wenn
man glaubte, daß dieſe Leute aus Wohlleben dahin
gekommen, und in der Zeche beiſammen geſeſſen wären, denn dergleichen beobachtete ich niemals. Ich
war demnach begierig zu wiſſen, was ſolche Gäſte,
die dem Gaſtwirth nichts eintrugen, zu bedeuten haben möchten, und ich erfuhr endlich, daß es Leute
waren, welche die Noth und vornemlich der Mangel an Holz und Licht an dieſen und andern Orten
zuſammen kommen machte. Um dieſe Jahrszeit, hieß
es, hätten die Inwohner ihre Feldfrüchten gröſten-
theils ſchon ausgedroſchen, die Handwerksleute hätten
an einem ſo geringen Orte ohnehin niemals viele Arbeit, und faſt ein jeder, ſowohl Baur, Handwerksmann als Taglöhner ſtünde nun ſo lange, bis die künftige Feldgeſchäften wieder ihren Anfang nähmen, in
einer Art von Müſſiggange, der ihn nicht nur an
ſeiner Nahrung merklich ſchwächte, ſondern ihm auch
die Zeit ſo Tags als Nachts lange und verdrießlich
machte. Die guten Leute erkenneten zwar die Rich-
tigkeit deſſen, was ich ihnen bei dieſer Gelegenheit etliche mal vorhielte, daß es nemlich beſſer um ſie ſtehen würde, wenn ſie und die ihrigen um dieſe Jahrszeit an Spul- und Spinnrädern, Häſpeln und Web-
ſtühlen ꝛc. ſäſſen, zugleich aber ſahen ſie wohl ein,
daß

daß solches von ihnen und ihrem guten Willen allein nicht abhieng, sondern dazu eine bessere Einrichtung im Ganzen erfordert würde.

Es ist allerdings betrübt, wenn der größte Theil des gemeinen Volks in den Wintermonaten bloß darum auf der Welt zu seyn scheinet, um das wieder aufzuzehren, was in der vorhergegangenen Zeit mit vieler Mühe und saurem Schweiße erworben worden ist. Eine solche Einrichtung kann unmöglich gut seyn. Besser gefällt mir, was ich von einem sichern Handelsmann, der sich in den Königlich-Preußischen Landen einige Jahre bey Manufacturen umsahe, gehöret habe: "In dem Halberstädtischen und „Magdeburgischen, (sagte er,) darf kein Maurer„oder Zimmerjunge von den Handwerks-Vorstehern „ledig gesprochen werden, er habe denn zuvor glaub„würdige Zeugnisse und Proben vorgelegt, daß er „auch Wolle spinnen könne.

Wohl! möchte mancher sagen, vielleicht lassen sich aber dergleichen Dinge nicht in allen Ländern einführen.

Der Einwurf hat einen Schein. So gar der Herr von Justi merket in der Vorrede zu seiner Staatswirthschaft an: man habe hin und wieder diese oder jene Preußische Verfassung nachahmen wollen, aber der schlechte Erfolg habe gar bald zu erkennen

gege-

gegeben, daß man vorher nicht überlegt habe, ob der
Zustand des Landes und die übrige Einrichtungen und
Anstalten damit übereinstimmen.

Die Anmerkung ist zwar überhaupt gegründet,
in Absicht auf Manufacturen; aber schlägt sie nur in
solchen Ländern an, wo man dergleichen weder hat,
noch künftig einzuführen gedenket.

Wo man hingegen mit Ernst darauf bedacht ist,
ein Land mit solchen kostbaren Kleinodien zu zieren,
da lassen sich Verordnungen von dieser Art, die ge=
wiß wahrhaftig weise sind, zu allen Zeiten, sowohl
in den Städten, als Dörfern anbringen, und ver=
dienten billig, daß sie nicht allein auf das Maurer=
und Zimmerhandwerk eingeschränkt, sondern bei allen
Stadt = und Landleuten, welche die Wintermonate,
in Ermanglung eines anständigen Geschäfts, mit
Müssiggehen zubringen müssen, und deswegen an
ihrer Nahrung geschwächt werden, angewendet
würden.

Es stehet dieses dem nicht im Wege, was ich
in den zufälligen Gedanken von Anlegung mehrerer
Manufacturen in den Herzoglich = Würtembergischen
Landen, S. 17. 19. bis 22. behauptet habe, daß es
nemlich nicht überall rathsam wäre, sich mit einer
Manufactur niederzulassen, denn ein anders ist der
Hauptplatz einer Manufactur, und ein anders sind
die

die dazu gehörigen Nebenpläze. Z. B. die Stadt
Calw ist der eigentliche Siz derjenigen Zeugmanufactur, welche unter dem Nahmen Meyer, Schill
und Compagnie längst bekannt und berühmt ist, die
ganze Gegend aber um diese Stadt ist mit Manufacturarbeiten angefüllt. Sulz am Neccar ist der
Ort, wo sich Mepolt, Hartenstein und Compagnie
vor zehen Jahren mit einer Baumwollen-Manu-
factur niedergelassen haben, man findet aber in andern nahen und entfernten Oberämtern Leute, welche in Diensten der Gesellschaft stehen, oder zu dieser Manufactur arbeiten. Nicht alle Pläze wären
bequem, sich mit einer Manufactur niederzulassen, fast
alle aber sind geschikt, daß ihre dürftige Inwohner, zu denen hier oder dort angelegten Manufacturen arbeiten, und dadurch Brod verdienen.

Die Sache lauft in der Kürze dahinaus: man
wähle zu dem Hauptplaz ien bestgelegenen Ort, und
man richte dabei die Nebenpläze so ein, damit im
Ganzen viele Menschen Nahrung finden.

Da aber eine kluge Wahl dazu gehöret, wenn
man bei Gründung der Manufacturen dem grossen
Endzwek der allgemeinen Glükseligkeit erhalten will:
so wäre zu wünschen, daß man hierinn eine gründliche
Anweisung und vernünftige Vorschläge geben könnte. Allein, dieses ist weit schwehrer als man insgemein glaubt.

Es

hiedene, theils für beständig, theils
arbeiten könnten und sollten.

em gänzlichen Unterhalt allein nicht
end.

und Gewerb rhalt un- md.	Hausarme, deren Subsi- dien zu ihrem Unterhalt unzulänglich.
Persohnen beyderley Ge- te. / on 8. bis 14. Jahren.	atiores. / und Weiber, auch Witt- nd Wittfrauen. / Persohnen beyderley Ge- te. / on 8. bis 14. Jahren.

Es ist nicht genug, eine Einsicht in das Manufacturwesen zu haben, und das Land, in welchem Manufacturen angelegt werden sollen, überhaupt und
obenhin zu kennen. Es wird noch mehr erfordert:
man muß alles in solchem aufs genaueste durchforschen,
man muß deswegen von einem Oberamte zu dem andern
reisen, man muß alle Gegenden, nach ihrer besondern Lage und Beschaffenheit, die Inwohner nach ihrer Anzahl,
nach ihrem Stand und Vermögen, nach ihrem Alter
Geschlechte, Genie und Willen, nach ihren Wissenschaften, Künsten, Handwerkern und Gewerben, nach
ihren Kräften, Fehlern und Gebrechen, und nach andern Umständen gründlich einsehen, eintheilen, be-
schreiben, beurtheilen u. s. f. wie hiezu die beigefügte
Tabelle einige Anleitung giebet, und ich solches am
Ende der zufälligen Gedanken von Anlegung mehrerer
Manufacturen und Fabriken angemerkt habe. Alsdenn lassen sich erst brauchbare Vorschläge zu Gründung einer oder der andern Manufactur geben.

Indessen will ich jedoch denen zu lieb, die vielleicht dergleichen Vorschläge erwarten, einige, wie es
nemlich, nach den Umständen, in welchen ich mich gegenwärtig befinde, möglich ist, mittheilen, denn etwas voll-
ständiges kann man bei denen mir zum Theil noch ab-
gehenden Hülfsmitteln, dißmal nicht verlangen.
Sollte ich in den Stand gesezt werden, mehrere Zeit
und grösseres Nachdenken auf das Manufacturwe-

sen verwenden zu können, so darf man sicher darauf
zählen, daß ich einem jeden nach Verlangen, und,
wie ich hoffe, nicht ohne Nuzen, mit Rath und
That beizustehen, eine meiner Hauptpflichten werde
seyn lassen. Bei diesen vorläufigen Gedanken aber
werde ich mein Augenmerk vornemlich auf die noth-
wendigsten, nüzlichsten, und solche Manufacturen richten, die den Herzoglichen Landen noch abgehen, und
womit dieselben vor andern versehen seyn sollten;
denn es würde in das lächerliche fallen, wenn ich
die Anlegung aller möglichen Manufacturen anra-
thete, und noch abgeschmakter seyn, wenn ich sie auf
einmal anrathen wollte.

Nothwendig und nüzlich nenne ich vor andern
diejenige Manufacturen,

a) durch welche bisher vieles Geld aus dem Lande gegangen ist,

b) diejenigen durch welche viele Menschen ernähret werden können,

c) deren Gründung und Anlage, nach der Beschaffenheit des Landes, der Gegend und des Orts, wo sie
angeleget werden sollen, die wenigste Schwierigkeiten
finden, und

d) die in solchen Dingen bestehen, welche der allgemeine Gebrauch unentbehrlich gemacht hat.

Ich

Ich nehme fast Anstand, unter solchen der Sei-
denmanufacturen zu gedenken. Man kann weder
behaupten, daß sie unumgänglich nothwendig, noch
daß sie ohne grosse Schwierigkeiten anzulegen seyn.
Indessen ist doch wahr, daß die Seidenwaaren durch
die Gewohnheit, wie fast in allen, also auch in den
Herzoglich-Würtenbergischen Landen eingeführt sird,
daß jährlich grosse Summen Gelds dafür aus dem
Lande gehen, und daß die Schwierigkeiten, solche
einzuführen, nicht unüberwindlich sind.

Würde man anfangs, unter vielen Articuln,
welche in der Seide verarbeitet werden, als: Band,
Strümpfe, Schnupf- und Halstücher, glatte, ge-
blumte, aufgeschnittene, aufgerissene, geschlagene, ge-
wässerte und ungewässerte, auch andere faconirte Zeuge, welche unter dem Nahmen Sammet, Püsch,
Stof, Damast, Droguets, Atlas, Moer, Gros de
Tours, Grisets, Taffende und anderer bekannt sind,
von den leichtesten anfangen, und zu den schwehrern
Stufenweise aufsteigen, mit grösserm Ernste sich
zwar auf den Seidenbau legen, gleichwohl aber von
dem Vorurtheil, als ob ohne einheimische Seiden
keine nüzliche Manufacturen eingeführt werden könnten, sich nicht zu stark hinreissen lassen, vor allzu-
kostbaren Gebäuen hüten, den rechten Ort zu einer
solchen Manufactur wählen, u. s. f. so würde es gewiß schon weiter damit gekommen seyn.

E   Ob

Ob nicht das Oberamt Maulbronn und über⸗
haupt die untern Aemter, vornemlich aber auch Nür⸗
tingen und Kirchheim hiezu gelegen· seyn möchten,
das überlasse ich dem Urtheil derer, die darinn voll⸗
kommenere Einsichten haben.

Nürtingen thut es wenigstens in dem Seiden⸗
bau vielen andern vor, und wenn die Proben ei⸗
nes um das Manufacturwesen verdienten Mannes,
welche derselbige gegenwärtig mit Pflanzung, und
etwa künftiger Verarbeitung des Apocyni macht,
gerathen, so dürften wir von daher auf eine neue Art
seidenartiger Zeuge, uns Hofnung zu machen haben.
Zu Ebingen werden gestrikte seidene Beutel in Men⸗
ge verfertiget, die einem Ausländer zukommen, der
den Inwohnern, die solche für ihn verfertigen, einen
guten Arbeitslohn dafür bezahlt. So gewiß man
aber mit ganz seidenen Manufacturen in dem Her⸗
zogthum Würtemberg zu recht kommen würde: eben
so gewiß und noch viel sicherer würde man die Halbseide⸗
nen, welche eine Mischung von Seiden und Schaaf⸗
auch Ziegenwolle, oder von Seiden und Baum⸗
wolle, oder endlich von Seiden und leinen Garn
sind, und nach Art der ganz seidenen wollenen oder
leinenen Zeugen verfertiget werden, auch zum Theil
von solchen ihre Nahmen entlehnen, zum Theil aber
eigene und besondere Nahmen haben, in guten
Stand und zur Vollkommenheit bringen. Die
Wol⸗

Wollenzeug ⸗ Fabrikanten zu Tübingen, Ehingen, Göppingen, ꝛc. würden, nach meinem Ermessen mit dergleichen halbseidenen Zeugen, welche mit ihrer Manufactur viel ähnliches haben, die sichersten Versuche machen können.

Mit den Leinenmanufacturen, so wichtig sie immer seyn mögen, wird es in den Herzoglichen Landen nicht viel weiter kommen, als es bereits damit gekommen ist. Die Wahrheit zu gestehen, ist es eben auch nicht so gar nöthig, deren grösser: Aufnahme mit einem besondern Nachdruk zu betreiben. Die meisten Inwohner des Landes versehen sich von einem Jahre zu dem andern in der sogenannten Hausleinwand mit der Erfordernis, sowohl in der feinern als gröbern Waare, so daß die Summen Geld, welche vor Holländische, Schlesische, Westphällsche und andere auswärtige Leinewand, aus diesen Staaten hinausgehen, noch ganz mässig seyn, und denen lange nicht beikommen werden, welche die beiden Handlungsgesellschaften zu Urach und Heidenheim, auch andere innländische Leinwandhändler, vor Würtembergische Leinwand durch auswärtigen Handel hereinbringen.

Zwirnspizen ⸗ Kammertuch ⸗ und Battistmanufacturen aber, so nüzlich sie vielleicht wären, sind mit so vielen Schwierigkeiten verknüpft, daß ich für gut hielte, so lange damit zuzuwarten, bis man mit den leichtern zu Stand gekommen seyn würde.

Eines

Eines kann ich nicht billigen, daß wir nemlich die Glanzleinwand und die geleimte oder stciffe, welche unter dem Nahmen Schäter oder Schäter bekannt ist, auffer Lands herein bringen, welche beide Sorten doch leicht im Lande zu bearbeiten wären, so daß man überall damit zu recht kommen würde, und wenn man auch keinen auswärtigen Handel damit treiben wollte, wenigstens das Geld vor solche Waare im Land verbliebe. Gegenden, welche im Spinnen und Weben einen Vorzug haben, würden diese Manufactur am leichtesten zu Stande bringen, darunter zähle ich Urach, Heidenheim, Blaubeuren, Münsingen 2c.

Bei den Wollenmanufacturen muß ich die Klage wiederholen, die man in meinen zufälligen Gedanken, von Anlegung mehrerer Manufacturen S. 13. lieset. Derselbigen abzuhelfen, wäre der ernstliche Bedacht auf Anlegung einer Tuchmanufactur zu nehmen. Freudenstatt, in so ferne es Sulz nicht so nahe gelegen, würde der Ort dazu seyn, um so mehr, als schon viele Tuchmacher daselbst wohnen, und die Casernen, wenn solche mit Soldaten nicht wieder belegt werden sollten, zu einem Manufacturhauß sehr tauglich wären.

Zu Alpersbach dürfte vielleicht eine solche nützliche Manufactur zuerst zum Vorschein kommen, es wäre denn, daß die Gesellschaft, welche dieses löbliche Vorhaben

haben gefaßt hat, durch einen unerwarteten Wider=
stand, dem öfters die nüzlichsten neuen Einrichtun=
gen ausgesezt sind, davon abgehalten würde.

Nagold, wenn es anders Calw nicht zu nahe,
und Baknang so lten in Ansehung einer solchen Ma=
nufactur ebenfalls einige Achtung verdienen, und soll
besonders Baknang in der Walk= der Tücher vor an=
dern Städten einen Vorzug haben: Wollte man
aber je noch Anstand nehmen, eine würkliche Tuch=
manufactur in den Herzoglichen Landen anzulegen;
so würden doch die tuchartige Zeuge, als Friese,
Bey, Molton, Flanell, Kirsey, und andre mehr
nicht so vielen Bedenklichkeiten unterworfen, und an
denen schon bemerkten Orten leicht zu Stande zu
bringen seyn.

Von Baumwollen = Manufacturen pranget
das Herzogthum Würtemberg bereits mit dreien zu
Cantstadt, Heidenheim und Sulz, angelegten In=
dienne-Fabriquen. Auch hat die Katunfabrik in
dem leztern Orte und deren guten Fortgang nun=
mehro eine andre Gesellschaft zu Verfertigung der
sogenannten Velours de Cotton oder Baumwollen=
Sammete ermuntert, die in der Qualität den engli=
schen immer näher kommen, so daß man sich von
diesem Unternehmen auf die künftige Zeiten viel gu=
tes versprechen kann.

C 3

Zu einer Mousseline-Fabrique sind schon eb,
nige Vorbereitungen gemacht, und wenn sie nicht
durch unerwartete Hindernüsse gleichsam in der Geburt erstikt wird; so kann sie in sehr kurzer Zeit zum
Vorschein kommen. Bei diesem allem gehen den Herzoglichen Landen in der Baumwolle hauptsächlich
nach ab:

a) Eine Hals- und Schnupftücher-Manufactur,
deren, bei der Menge Weber, die sich nur in dem
Dorfe Plieningen auf den Fildern befinden, in derselbigen Gegend vielleicht ein bequemer Plaz auserse-
hen werden könnte.

b) Gewobene und gestrikte baumwollene Strümpfe
und Mützen tragen die meisten Menschen, vornehmen,
mittlern und geringen Standes. Von den Strumpf-
strikern und Würkern im Lande, ist die Nothdurft
in solcher Waare in der Schaafwolle kaum zu erwarten, und sie sind in das Zunftmässige allzusehr ver-
tieft, als daß man in der Baumwolle etwas recht-
schaffenes von ihnen hoffen könnte.

Eine sołche Manufactur würde daher in dem
Würtembergischen nicht übel angebracht seyn. Schorn-
dorf, Lorch, Tuttlingen, wären vielleicht bequeme
Plätze, einen Versuch darinn zu machen.

c) Die Halbł tune, Boma n, Siamois und
andre halbbaumwollene und halbleinene Zuge, worunter

unter die Barchente verschiedener Art zu rechnen sind,
würde ich abermal in die Gegenden von Heidenheim,
Urach und Blaubeuren darum verweisen, weil man
daselbst zum Spinnen, Weben und Bleichen, vorzüglich Gelegenheit findet.

Aber wie vielen Bedenklichkeiten, Hindernissen
und Wiedersprüchen, würde man sich nicht bei Gründung und Anlegung der bemerkten Manufacturen
ausgesetzt sehen?

Ich glaube wohl, daß solche nicht völlig unter-
bleiben würden, ich weiß aber, daß sie zu übersteigen
sind. Es kommt nur darauf an, daß man die Hände
nicht sinken lasse, sondern das mit behörigem Ernst
durchseze, wovon die gemeine Wohlfarth abhangt.

Haben wir es so gar nöthig, (möchte man fragen,)
uns mit einer solchen Mühe und Arbeit zu belästigen,
da das Herzogthum Würtemberg an sich selbst eines
der gesegnetesten Länder Teutschlands ist, mithin der
Manufacturen und Fabriken vielleicht wohl entbehren
könnte? Ich antworte, daß wir es allerdings nöthig
haben, denn auch ein von Natur gesegnetes
dabei aber von Manufacturen und Fabriken entblöß-
tes Land, einem unfruchtbaren, worinn dergleichen
blühen, weit nachzusezen ist, daher man billig Ursache
hat, auch in denen fruchtbarsten Ländern auf dergleichen heilsame Anstalten mit bedacht zu seyn,

C 4   wie

wie uns hierinn Frankreich und England, zwey von
Natur gesegnete und gleichwohl mit den vortreflich-
sten Manufacturen begabte Reiche zu einem beständigen Muster dienen können.

Was würde aber endlich herauskommen, wenn
es den Würtenbergern, wie einige glauben, an Genie oder an natürlichem Verstand und Geschicklichkeit
zu Manufacturen fehlen sollte. Gewiß ein elender
Einwurf, dem der belobte Herr von Hornek, in der
schon angeführten schönen Schrift: Oesterreich über
alles, wenn es nur will, S. 52. 53. begegnet, wo
er endlich also schließt: „Recht davon zu reden, gibt
„es wenig Nationen unter der Sonnen, die sich
„dißfals im Grund zu beklagen Ursache hätten.

Damit stimmet überein Plüer in seinen Gedanken und Nachrichten von Manufacturen und der
Handlung, in Ansehung Dänemarks. S. 53.

„Ich gestehe es gerne, (schreibt derselbige,) daß
„man nicht leicht ein Land finden wird, welches gar
„keine Zufuhr von fremden rohen Waaren benöthiget
„wäre; in Ansehung der Manufacturwaaren aber,
„glaube ich ganz anders urtheilen zu dürfen. Ver-
„stand, Fähigkeit, Seelen- und Leibeskräften sind
„nicht so ungleich ausgetheilet worden, daß eine Nation
„dorinn der andern einen natürlichen Mangel vorwer-
„fen könnte. Ich bin daher völlig der Meinung,
„daß

„daß eine jede Nation geschikt und vermögend sey,
„sich die nöthige Manufacturwaaren selbst zu verfer=
„tigen, und sich immer gewisse Hofnung machen
„könne, andern Nationen darinn gleich zu kommen.

Warum sollte sich wohl dieses nicht auch auf
die teutsche Nation, deren es niemal an Künstler
und Manufacturiers gefehlet hat, (Oesterreich über
alles, S. 53. sqq. Abhandl. von Manufacturen und
dem Commercio, Cap. 5. §. 3.) und besonders auf
die Schwaben anwenden lassen! bei welchen, nach
dem Zeugniß eines unpartheiischen Keyßlers in seinen
neuesten Reisen, S. 11, so viel guter Verstand an=
getroffen wird, als bei mancher andern Nation.

Augspurg, die einzige Stadt Augspurg ernäh=
ret vielleicht mehr Künstler, Manufacturiers und Fa=
brikanten in ihren Mauren, als manches Reich
oder Land in seinem ganzen Umfange nicht vorwei=
sen kann.

Und was soll ich von den Würtenbergern ins=
besondre sagen! Meldet uns nicht der erstbelobte Keyß=
ler von ihnen, daß in dem Würtembergischen die
Bauren so klug und witzig seyen, als in andern Län=
dern kaum die gemeinen Bürger! Sollten wohl Leute
von dergleichen natürlichen Verstand und Fähigkeit,
zu Manufacturen und Fabriken weniger aufgelegt
seyn, als andere Völker! das ist nicht zu glauben.

E 5   Wenn

Wenn es demnach in diesem Herzogthum in dem Handlungs- und Manufacturwesen gegenwärtig noch nicht so weit gekommen ist, als in andern Ländern: so muß der Grund hievon in ganz andern Dingen, als in dem Mangel der natürlichen Fähigkeit der Inwohner gesucht werden, weil von dieser die hier und dort im Lande, obgleich noch in geringer Anzahl angelegte Manufacturen und Fabriken ein unumstößlicher Beweiß sind. Ist nicht die Handlungs-Compagnie zu Calw durch ihre berühmte Zeugmanufactur in Europa und andern Welttheilen bekannt worden! Gehet nicht von Urach, Heidenheim und Sulz eine Menge Katune und Leinwand nach Italien und Frankreich, auch in andere Reiche und Länder ab! Wo sind die gestoppten Winterröke, die in andern Ländern mehr als in ihrem Vaterland beliebt sind, anders als im Würtembergischen zu Hauß! Wem haben die Fabrikanten Fischer und Walther zu Tübingen ihre künstliche Maschinen zu Verfertigung geblumter wollener Zeuge, anders zu verdanken, als ihrem eigenen Nachsinnen!

Was hinderts also, daß die Manufacturen und Fabriken sich nicht weiter in dem Lande ausbreiten?

Diese Frage zu beantworten, überlasse ich andern, und schlüsse hiemit den ersten Theil gegenwärtiger Schrift, welcher die Verbesserung des Nahrungs-

rungsſtandes durch Manufacturen und Fabriken dar-
legeten.

Laſſet uns nun weiter gehen, und von den für-
nehmſten Vortheilen, die der Landesregent aus einem wohleingerichteten Manufacturweſen beziehet,
noch einen kurzen Abriß geben. Man kann ſie ſo
wohl überhaupt als beſonders betrachten.

Viele tauſend Bettler, Tag- und andre Diebe,
die durch Manufacturen und Fabriken aus ihrem
vorigen Elende herausgeriſſen, aus dem Staub er-
hoben, und in nüzliche Mitglieder des gemeinen We-
ſens verwandelt worden; eine Menge mit dem nothdürftigen und zugleich dauerhaften Lebensunterhalt
beglükter Haußarmen und Tagelöhner; viele in einen
augenſcheinlich beſſern Nahrungszuſtand geſezte Fuhr-
und Handwerksleute, Profeſſioniſten, Künſtler,
Stadt- und Landwirthe, Manufacturiers, Fabrikanten, Kauf- und Handelsleute; die Beibehaltung vieler Landesunterthanen, die in Ermanglung der Manufacturen ihr Vaterland verlaſſen, und ſich anders-
wohin begeben hätten. Die Herbeiziehung vieler
Fremden, die ihr Geld im Lande verzehren; die Erhaltung des inländiſchen Geldes und der beſtändige
Umlauf deſſelben; die Vermehrung deſſen durch das
auswärtige; der öffentliche Credit, die Gründung
inn- und ausländiſcher Commercien, und andre nüzliche Folgen der Manufacturen und Fabriken können
einem

einem weisen, gerechten und gütigen Prinzen, der
seine eigene Glükseligkeit auf die Wohlfarth seiner Unterthanen gründet, unmöglich gleichgültige Dinge
seyn; sondern er muß vielmehr ein wahrhaftiges Vergnügen empfinden, wenn er siehet, wie er aus armen
Unterthanen reiche Leute machen kann, und dadurch
viele tausend gute Wünsche und Segen auf sich
bringt, und wie aus einer kleinen Provinz ein reicher und mächtiger Staat werden kann, denn es ist
eine unwiedersprechliche Wahrheit, daß die Manufacturen und Fabriken den Reichthum und die Macht
eines Staates vermehren helfen, indeme sie zu Vermehrung der landesherrlichen Einkünfte und Gefälle
Anlaß geben. Und eine solche Vermehrung ist nicht
nur erlaubt, sondern sie ist auch vernünftig. Davon
überzeuget uns der berühmte Herr Hofrath Daries,
in der Vorrede zu dem fünften Theile des Reichar-
tischen Land- und Gartenschazes, wenn er schreibt:
„Daß die Sorge für die Erhaltung und Vermehrnng
„der herrschaftlichen Gefälle vernünftig sey, ist leicht
„zu beweisen.

„Niemand wird es läugnen, und niemand kann
„es läugnen, daß nicht der Wohlstand, und sowohl
„die innere, als auch die äussere Verfassung eines
„Staats iezo einen gröffern Aufwand erfordern, als
„der in den vorigen Zeiten ist nöthig gewesen. Muß
„der Aufwand vergröffert werden, so erfordert es die
„Ver-

„Vernunft, daß wir nicht nur auf Mittel denken,
„unfre jährliche Einkünfte zu erhalten, sondern auch
„diese zu vermehren.

„Ist dieß eine allgemeine Wahrheit, so muß sie
„auch in diesem besondern Falle gültig seyn. Und
„darum, ist die Sorge für die Erhaltung und Vermeh=
„rung der herrschaftlichen Gefälle vernünftig.

„Dieses ist eine Lehre, die fast alle, die sich
„Cameralisten nennen, im Munde führen, und von
„vielen wird sie angewendet, ihre unmenschliche Ge=
„sinnungen zu beschönigen. Sie sind vernünftig,
„indem sie für die Vermehrung der herrschaftlichen
„Gefälle sorgen. Allein in der Wahl der Mittel
„sezen sie sehr oft die Vernunft bei Seite. Eine
„Vermehrung der herrschaftlichen Gefälle, die diese
„mit der Zeit vermindern muß, wiederspricht der
„Weisheit. Wie kann dann dieses weise seyn, wenn
„man diesen Endzwek zu erreichen, auf Mittel denkt,
„die Abgaben der Unterthanen zu erhöhen, ohne dar=
„an zu gedenken, wie ihre Einnahmen können ver=
„mehret werden. Ich habe es an einem andern
„Orte bewiesen, daß die herrschaftliche Gefälle, wenn
„sie nicht vergänglich, sondern von einer Dauer seyn
„sollen, ein proportionirlicher Theil von den jährlichen
„Einkünften der Unterthanen sey. Ist dieß, so folgt,
„daß der sicherste Weg, die herrschaftliche Gefälle zu
„vermehren dieser sey, wenn man auf untrügliche Mittel
„denkt,

„denkt, viele Unterthanen in einem Lande reichlich zu
„ernähren. Tausend Unterthanen, die sich in einem
„Lande reichlich ernähren können, haben mehrere
„Nahrung, mehrere Kleidung und mehrere Woh-
„nungen nöthig, als hundert. Diese Dinge stehen
„unter den Hauptquellen der herrschaftlichen Gefälle.
„Man ziehe die Rechnung, so ist die Vermehrung
„dieses Gefälle sinnlich, und mein Hauptsaz ist be-
„festiget.

Der Herr von Justi drükt sich hierüber in der
Staatswirthschaft, Th. 2. §. 46. folgender massen
aus:

„Die beste und sicherste Vermehrung der Eins
„künfte des Staats ist unstreitig die Aufnahme des
„Nahrungsstandes, und die grössere Bevölkerung derer
„zu dem Staat gehörigen Länder. Denn da das be-
„reiteste Vermögen des Staats gröstentheils auf den
„Gewinn der Unterthanen gegründet werden muß:
„so kann es nicht fehlen, daß die Cassen des Regen-
„ten grössern Zufluß haben müssen, wenn die Com-
„mercien, Manufacturen, Gewerbe und überhaupt
„der gesammte Nahrungsstand in grösseres Aufnehms-
„men und in einen blühendern Zustand gesezet und
„die Länder immer volkreicher werden.

Dieses haben die französische Flüchtelinge bewiesen, die in den Ländern, wo sie aufgenommen worden,

den, allerhand nützliche Manufacturen angelegt, ja ganze Städte und Dörfer angebaut, und dadurch die gemeine Gefälle über die maſſe gebeſſert haben, wie hievon die Brandenburgiſche, die Heſſiſche und zum Theil auch die Herzoglich-Würtembergiſche Länder Beiſpiele ſind.

Das ſind aber nur die allgemeine Vortheile, die ein Regent von blühenden Manufacturen und Fabriken ſich zu verſprechen hat. Die beſondere Vortheile äuſſern ſich abermal auf verſchiedene Art. Denn ſind einmal die den Manufacturen und Fabriken ge-gönnete Freiheitsjahre von Abgaben und andern Be-ſchwerden verfloſſen; ſind ſie einmal zu ihrem Flor und Wachsthum gediehen; haben ſie ſich einmal ge-nug ausgebreitet; ſo müſſen ſie nothwendig durch Mauten, Zölle, Acciſe, und andre Auflagen, die Einkünfte des Regenten, ſo leidlich ſie auch immer gehalten werden, merklich und nahmhaft vermehren. Doch ſollten die einheimiſchen Manufacturwaaren niemals mit Mauten, Zöllen und dergleichen Abga-ben beleget werden, wenn ſolche Waaren aus dem Lande gehen. Engelland hat hierinn, wie in den meiſten Commercienſachen, die vernünftigſte Geſetz, theils dem Staat Einkünfte zu verſchaffen, theils den Flor der Manufacturen zu erhalten. Ein jeder Bal-len im Reiche verarbeiteter Waaren bezahlt einen ziem-lich hohen Accis, ſo bald ſolche im Lande bleibt, und

da-

daselbst im Kleinen der Ellen nach verkauft wird. Gehet er aber aus dem Königreiche, und wird an Ausländern debitirt, so bleibt er durchaus von allen möglichen Abgaben frey, ja in gewiesen Sorten erhält er noch ein Prämium. Daher kommt es, daß wir englische Waaren en gros in Frankfurt wohlfeiler kauffen, als en detail in Londen.

Gesezt aber, ein Regente zöge von allen neuen Einrichtungen keinen Heller an weitern Auflagen; so ist doch dadurch sein wahrer Vortheil erreicht, indem ein Fürst eines reichern Landes allezeit grösseres Ansehen und mehrere Kräften hat, als der Beherrscher eines armen Landes, wenn gleich die lauffende jährliche Einkünften beider Prinzen vollkommen gleich sind.

Darum ist auch ein Fürst viel glükseliger, der ein kleines aber reiches Land hat, als der eine grosse Wüstenei oder entfernte Länder besizet. Bes. die zu Leipzig 1740. herausgekommene Abhandlung von Manufacturen und Commercio, S. 89.

Wir wollen uns aber hiebei nicht länger aufhalten, sondern den besondern und vielfachen Nuzen, den ein Fürst von wohleingerichteten Manufacturen und Fabriken sich zueignen kann, in derjenigen Ordnung, die wir oben bei der Verbesserung des Nahrungsstandes beobachtet haben, noch kürzlich bemerken.

fen. Wir haben gehört, daß alle Müſſiggänger,
Bettler, Haußarme und ein groſſer Theil der Taglöhner ohne blühende Manufacturen ſich und andern
zur Laſt werden. Was folget aber in Anſehung der
herrſchaftlichen Gefälle daraus? Dieſes, daß ſo lange ſie in einem ſolchen elenden Zuſtande verbleiben,
von ihnen an Abgaben nichts gefordert oder bezogen
werden kann. So bald man hingegen dieſelbigen
durch Anweiſung eines beſtändigen Geſchäftes bey
Manufacturen und Fabriken ſo weit bringet, daß
ſie ſich ſelbſt nützlich ſind: ſo bald werden ſie auch
dem Landesherrn nuzlich, denn ſo bald ſie zu einem
dauerhaften Unterhalt gelangen; ſo bald kann ſie der
Regente mit perſöhnlichen leidlichen Abgaben belegen, in ſo ferne ihr Verdienſt ſo viel abwirft, daß
ihnen nebſt der täglichen Nothdurft, noch ein Ueber-
ſchuß oder Gewinn in Handen bleibet. Beſizen ſie
gleich keine unbeweglichen Güter, und treiben kein
Gewerbe; ſo genieſſen ſie doch wie andre, die mit
Grundſtüken angeſeſſen ſind, den landesherrlichen
Schuz, und ſind daher auch zu Abgaben verbunden.
Dieſes iſt aber nicht der einzige, auch nicht der be-
trächtlichſte Nuzen, den ein Regente von ihnen beziehet, ſondern dergleichen Leute, die in Anſehung
ihrer Nahrung auf einmal ſo augenſcheinlich verbeſ-
ſert werden, daß die meiſten ihr nothdürftiges Auskommen haben, und viele noch die Bequemlichkeiten
des menſchlichen Lebens koſten darfen, tragen nun

F   natür-

natürlicher Weise zu dem grössern Verbrauch der Consumtibilien und anderer Dinge, welche die Nothdurft und die Bequemlichkeit erfordern, das ihrige bei, und vermehren eben dadurch die auf dergleichen Erfordernisse gesezte Auflagen, folglich die Einkünfte des Regenten.

Das Landfuhrwesen, indem solches durch die Manufacturen befördert, gebessert und vergrössert wird, gibt zu Vermehrung der Bruken = Strassen = Weg= und Pflastergelder, der Zölle, der Vieh= und Tranksteuren, Accise und anderer Einkünfte mehr, zu Vermehrung der Pferd = und Viehzucht und der daraus nothwendig folgenden Verbesserung des Landbaues, folglich zu Vermehrung der davon fallenden Einkünfte, eine erwünschte Gelegenheit, und was durch dasselbige den herrschaftlichen Gefällen erst angezeigter massen zuwächset; das thut die Schiffahrt in Ansehung derjenigen Waaren und Bedürfnisse, welche zu Wasser ab = und zugehen, durch die Wasserzölle, Schiff = Fähren = Hafen = Ankergelder u. s. w.

Alle Handwerker und übrige Stadtgewerbe, indem durch die Manufacturen und Fabriken ihre Nahrung besser, blühender und dauerhafter wird, sind nun geschikter, ihre schuldige Gewerbe und Handwerkssteuren, Nahrungsgelder und andere sowohl ordentliche als ausserordentliche Anlagen, zu rechter Zeit, ohne Zwangsmittel und ohne Abbruch ihrer eigenen Noth=

Nothdurft abzutragen, als sie es zuvor nicht waren,
und da sie zugleich an den Ergözlichkeiten des menſchlichen Lebens Antheil nehmen können, so werden auch
durch sie faſt alle Arten herrſchaftlicher Gefälle vermehret. Man betrachte nur mit einiger Aufmerk-
ſamkeit, die Bier- und Weinhäuſer, die Fleiſchbän-
ke, die Kräm- und Handwerksbuden, nebſt allen
übrigen Stadtgewerben, wie todt und elend es um
ſolche in einem von Manufacturen entblößten Lande
oder Ort ausſiehet, und wie lebhaft es hingegen in
einem andern bei dem Daſeyn blühender Manufacturen zugehet, wie alles wimmelt, ſich bewegt,
arbeitet, handthieret, auch zu Zeiten ſich beluſtiget ꝛc.
Der groſſe Unterſchied wird einem jeden bald in die
Augen fallen, und eben dieſe Verſchiedenheit muß
allerdings ihren ſchlimmen oder guten Einfluß in die
Zölle, Accis, Umgelder, Halbthaler-Keſſel, Brenn-
hafengelder ꝛc. haben.

Durch die Verbeſſerung der Landwirthſchaft, welche angezeigter maſſen eine natürliche Folge von der
Aufnahme der Manufacturen und Fabriken in einem
Lande iſt, vermehren ſich die ſchon bemerkten Einkünfte des Regenten, nicht weniger die Noval- und andere Zehenden, Gülten, Urbar- und andere Zinſe,
Taxen, Conceſſionsgelder, und unter welchen Nahmen
dergleichen Abgaben etwa ſonſt bekannt ſeyn möchten, augenſcheinlich. Und wer wollte ſo thöricht ſeyn,

zu behaupten, daß in Betracht der landesherrlichen
Gefälle es gleichgültig sey, ob der Akerbau und die
Viehzucht, auch andere landwirthschaftliche Nahrungsarten nach dem alten Schlendrian so nachläs-
sig hingetrieben werden, oder ob man den Boden
auf das allerbeste cultivire, die öden und unbrauch-
baren Heiden umbreche, die Moräste, Sümpfe,
Seen ꝛc. austrokne, und nuzbar, die tragbaren Felder
aber noch tragbarer mache, Früchten von einem hö-
hern Werth anbaue, und was dergleichen nüzliche
Unternehmungen mehr seyn mögen. Würde nicht
ein so seltsames Urtheil alle mögliche Verachtung verdienen, und ist nicht vielmehr wahr, was jener scharf-
sinnige Franzose schreibt: neue Ländereien urbar zu
machen, ist eben so viel, als neue Länder zu
erobern.

Die Manufacturen, indem sie, nebst denen schon
berührten Vortheilen der Grund blühender inn- und
ausländischer Commercien sind, vermehren auch in
diesem Betracht, fast alle Arten von landesherrlichen
Gefällen, denn je blühender und wichtiger die Commercien werden, um so viel mehr Einkünfte verschaffen sie dem Staate, in Ansehung des dabei fallenden
Gewinnstes. Nun wird es aber einem Lande selten
an blühenden Commercien fehlen, welches den Grund
dazu, nemlich blühende Manufacturen und Fabriken
hat, mithin ist leicht zu erachten, in welchem guten

Zu-

Zuſtand die landesherrlichen Einkünfte ohne Ausnah-
me dadurch geſezt werden.

Und dieweil von blühenden Commercien und Manufacturen, vornemlich von den leztern, die Beibehaltung und Vermehrung der Landeseinwohner, durch
Verhütung des ſo ſchädlichen Auswanderns der Ein-
gebohrnen, durch Herbeiziehung vieler Fremden, und
durch Beförderung des ehelichen Standes, ſicher zu
erwarten iſt, auch in einem ſolchen Lande niemal zu
viele Inwohner ſeyn können, von Juſti Staatswirth-
ſchaft, Th. I. §. 137. weil eben die Menge des Vol-
kes die innerlichen Kräften des Staats, die Nahrung
der Unterthanen und den Umtrieb des Geldes vermehret, mithin zu ſeinem wahren Vortheil und Aufnehmen gereichet: §. 140. ſo folget hieraus von ſelbſt,
wie groß der Zuwachs ſeyn müſſe, den die Einkünfte
des Regenten, aus dem Anwachs der Unterthanen
und Inwohner durch alle Claſſen und Arten, erlan-
gen werden, da bekannt iſt, daß in einem wohleingerichteten Staate der Regent von allen auch den ge-
ringſten Unterthanen und Inwohnern Nuzen ziehen
kann. Je bevölkerter alſo ein Staat iſt, deſto reicher
und mächtiger iſt derſelbige. Bevölkerter aber wird
er durch Manufacturen und Fabriken. Plomgren
drukt ſich hierüber, in ſeinen Gedanken von der Handlung insgemein, alſo aus: „Die Anzahl der In-
„wohner eines Landes wird vermehrt, wenn dasje-

„nige

„ nige, was zu der Menschen Unterhalt und andern
„ Nothwendigkeiten am nöthigsten ist, in zureichli-
„ chem Ueberflusse zu haben ist.   Wenn Fleiß und
„ Handarbeit, mittelst kleiner Belohnungen aufge-
„ muntert werden, wenn die Handarbeiten so viel-
„ fältig und hinlänglich sind, daß das Volk durch
„ leichtere Erwerbung seiner Nahrung, ausser der an-
„ ge ohrnen Neigung, auch dadurch zum frühen Hei-
„ rathen aufgemuntert wird.   Wenn Kinder gleich
„ von Jugend auf zu solchen Arbeiten gewöhnt wer-
„ den, die nach ihrem schwachen Vermögen einge-
„ richtet sind, so daß der Müssiggang bei einer Na-
„ tion unvermerkter Weise ertödtet, und derselbigen
„ hingegen eine Lust zu nützlichen Verrichtungen und
„ Handwerker gleichsam eingepflanzet wird, und am
„ Ende das Volk durchgängig Lust zur Arbeit be-
„ kommt.   Wenn Fremde, mittelst Ertheilung bil-
„ liger Freiheiten und Anbietung solcher Vortheile, die
„ ihnen am meisten und zärtlichsten ans Herz ge-
„ hen, in ein Land gelocket werden, und endlich, wenn
„ die Bettelei ausgetilget, und jedermänniglich für
„ ein grobes Verbrechen angerechnet wird, Brod zu
„ begehren, ohne dafür zu arbeiten, zumal da die
„ Bettelei in der That ein beständiger Diebstahl
„ ist, der an dem Publico begangen wird.   Durch
„ solche Wege wird die Menge der Einwohner ei-
„ nes Landes vermehret, die Einwohner werden dem
„ Lande nützlich, und beschleunigen die Macht eines
„ Staats

„ Staats mehr, als öfters die gröſte Erobe=
„ rungen.

„ Die Menge am Volk gibt wieder eine Men=
„ ge Handwerker und Manufacturiſten; die Menge
„ von Handwerksleuten und Manufacturiſten verur=
„ ſacht eine Menge von Handlungsarten ꝛc. Schwed.
Abh. II. Band, S. 93. 94. Die Handlung an ſich
aber vermehret durch den dabei fallenden Gewinn
die Einkünfte des Regenten.

Laſſet uns annehmen, ein Regente, deſſen Staa=
ten von Manufacturen entblöſſet ſind, käme auf den
glüklichen Einfall, dergleichen heilſame Anſtalten in
denſelben einzuführen: wie bald würde er nicht da=
durch ſolche um viele tauſend arbeitſame Menſchen
vermehren! und was würden nicht dieſe, da ſich alle
nothdürftig, viele aber reichlich nähren könnten, und
die meiſten Manufacturarbeiter, wohl zu leben ge=
wohnt ſind, nur durch den ſtärkern Verbrauch der
mit ſo beträchtlichen Auflagen beſchwehrten Con=
ſumtibilien und anderer Dinge, zu der Vermehrung
der landesherrlichen Einkünfte beitragen! Wer ſich
Mühe geben wollte, hierüber eine Berechnung oder
einen Ueberſchlag zu machen, der würde über die
zum Vorſchein kommende Summe erſtaunen. Mit
Recht ſagt daher der Verfaſſer des handelnden Adels:
„ die Güter der Menſchen ſind die Ländereien, al=

„lein

„ lein die wahren Güter der Könige und Fürsten,
„ sind die Menschen.

So gewiß und ungezweifelt es demnach ist,
daß die Einkünfte des Regenten durch ein wohleingerichtetes Manufacturwesen vermehret werden; eben
so gewiß ist es auch, daß dasselbige deren Abreichung
und Einzug nicht wenig erleichtert. Nur in Ländern
und Orten, wo die Nahrunggeschäfte darnieder liegen, wird der Unterthan fast bei einer jeden Abga-
be, die er entweder gar nicht, oder doch nicht anderst als mit seiner grösten Ungemächlichkeit erst aufzubringen vermag, seufzen oder murren, weil ihm dadurch seine eigene Nothdurft benommen und geschmä-
lert, oder er doch aller Bequemlichkeit des menschlichen Lebens beraubet, mithin muthloß und unzufrie-
den gemacht wird. Wo aber ein blühender Nahrungsstand ist, wo der Unterthan die Abgaben von
seinem Ueberschuß oder Gewinn, wie es eigentlich
seyn soll, bestreiten und aufbringen kann, da hat er
weder zu klagen und zu seufzen, noch zu murren Anlaß; sondern gibt willig und mit Freuden, was er
zu dem nöthigen Aufwande des Staates beizutragen
schuldig ist.

Will daher ein Regent von seinen Unterthanen
stärkere Abgaben haben, oder siehet er sich in die
Nothwendigkeit gesetzet, die bisherigen zu erhöhen: so

ist

ist kein zuverläßigeres Mittel, solche den Unterthanen erträglich und in die Länge möglich zu machen, als wenn ihnen viele Gelegenheit, etwas zu gewinnen verschaft wird.

Glückselig ist der Regent! glückselig sind die Unterthanen! ja glücklich ist das Land, in welchem man nach diesem Maasstab zu Werke gehet.

Anhang.

Miroudot.

Alles, was die Einkünfte des Staates und den Wohl=
stand der Unterthanen merklich vermehren kann, daran
ist der ganzen Nation gelegen, das verdienet die Auf=
merksamkeit der Ministere und den vorzüglichsten Schutz
des Landesfürsten.

Die Manufacturen und Fabriken sind das Trieb=
rad aller Nahrungen in einem Lande, der
Grund zu Vermehrung sowohl der landesherrlichen,
als der landschaftlichen Gefälle und Einkünfte, die
Quelle des Reichthums und das Kennzeichen der
Macht, Stärke und Glükseligkeit eines Staats.

Die vorhergehenden Blätter beweisen dieses so
klar, daß ein vernünftiger hieran unmöglich zweifeln
kann.

Es erhellet hieraus, wie viel einem Regenten,
dessen Ministern, Räthen, Hof= und Amtleuten,

ja allen Inwohnern eines Landes daran gelegen seyn
müsse, und wie sehr ein jeder Ursache habe, an seinen Theile alles mögliche anzuwenden, damit in einem Lande nützliche Manufacturen und Fabriken angelegt, auch diese je länger je mehr in Flor und Aufnahme gebracht werden mögen.

Die Manufactur- und Commerciencollegia gehet
dieses am meisten an.

Aber auch die Kammern sind davon nicht aus-
geschlossen,

Noch weniger können die Stände eines Landes
der Sorge vor die Anlage und Gründung, auch vor
den Flor, Aufnahme und Wachsthum der Manufacturen und Fabriken sich entschlagen.

Ihre Pflichten sind von einem so weiten Umfange, daß alles, was zu Beförderung der Wohlfarth
des ganzen Landes überhaupt und zur Aufnahme des
Nahrungsstandes insbesondre gereichet, nach dem Regenten, ihnen billig zu nächst am Herzen liegen muß.

Die Sorge vor die Einführung nützlicher Manufacturen und Fabriken in einem Lande, kann hievon unmöglich ausgenommen seyn.

Haben die Manufacturen und Fabriken in alle
übrige Gewerbe und Nahrungsarten einen so grossen
Ein-

Einfluß, wie es in der vorhergehenden Abhandlung
mit Gründen dargethan, mit Zeugnissen belegt und
durch die Erfahrung bestärkt worden ist, und sind sie
zugleich ein sicherer Grund zu Vermehrung der herr-
und landschaftlichen Gefälle, wie man auch dieses
deutlich gezeuget hat: so sehen sich die Landstände aus
einem doppelten Grunde veranlasset, sie thätig und
kräftig zu unterstüzen. Denn wie mag der begüterte
und gewerbtreibende Unterthan seine schuldigen Gü-
ter- und Gewerbsteuren, Accise und andre herr- und
landschaftliche Abgaben aufbringen, wenn in dem
Lande das Gewerbe selbst entweder ganz oder zum
Theil darnieder liegt, es liegt aber gemeiniglich darnieder, wo Manufacturen und Fabriken fehlen.

Noch mehr: die Last, welche auf gleichen, und
man kann beifügen, auf mehrern Schultern lieget, ist
leichter zu tragen, als wenn sie nur auf wenige oder
allein auf den ohnehin geplagten Bauer gelegt wird.

Hundert und fünfzig tausend arbeitsame Fami-
lien werden die zu dem nöthigen Aufwande des Staats
erforderliche Abgaben gewiß leichter, geschwinder und
williger auftreiben, als wenn diese Last nur auf hundert tausende und zumal in einem gewerblosen Lande
gelegt werden muß.

Die Einführung nüzlicher Manufacturen und Fabriken aber ist das eigentliche Mittel, wodurch ent-
völ-

völkerte Länder bevölkert, bevölkerte volkreicher, und
volkreiche zugleich gelbreich, stark, mächtig und glük=
selig werden.

Auch dieses ist durch die vorhergehende Abhand=
lung erwiesen, und es fällt so gar in die Sinnen,
daß dadurch die herr= und landschaftliche Abgaben
nicht nur vermehret, sondern auch leichter eingezogen
und beigetrieben werden; denn wo der Ueberfluß herr=
schet, da lässet sich leichter etwas nehmen, wo aber
nichts ist, da hat, nach dem Sprichwort, auch der
Kaiser sein Recht verlohren.

Der Pater Labat führet von diesem wichtigen
Unterscheid in seinen Reisen nach Italien, Th. 5.
p. 49. ein merkwürdiges Beispiel an: „Die Staa=
„ten des Grosherzogs von Toscana, (schreibt dersel=
„bige,) sind weit nicht so beträchtlich als der Kir=
„chenstaat, dem ungeachtet, nimmt dieser Herr Sum=
„men daraus ein, welche unerschwinglich scheinen,
„und hat doch lauter reiche Unterthanen. Woher
„rühret dieser Unterscheid! Daher, weil dieser Fürst
„seine Unterthanen vor der Sünde der Trägheit zu
„befreien gewußt, und die Päbste dieselbige darinn
„verrosten lassen.

Das ist, nach dem Ausspruch eines andern
Schriftstellers, die Ursache, warum das sonst kleine

Herzogthum Florenz mit Recht den Nahmen eines
Großherzogthums verdienet.

Sollten sich also die Stände eines Landes länger entbrechen können, den Verlegern nüzlicher. Manufacturen unter die Arme zu greiffen, oder selbst mit
Hand an das Werk zu legen!

Nicht genug. Geld ist die Losung, und das
bei dem Manufactur- und Handlungswesen unent-
behrlichste Stük.

Geld soll daher beständig und im Ueberfluß sowohl
in herr- und landschaftlichen Cassen, als in der Unterthanen Beutel seyn, damit es daran niemals fehlen möge. Geld muß in einem wohleingerichteten
Staate, wie das Blut in dem menschlichen Cörper
in richtiger Ordnung circuliren. Mehr Geld soll man
jährlich in das Land herein zu bringen suchen, als
aus demselbigen hinausgehet, damit das grosse Lan-
descapital oder das Vermögen und der Reichthum
eines Landes und seiner Inwohner erhalten und vermehret werde.

Alles dieses glaubt und weißt man zwar. Wo
wird es aber in Uebung gebracht? Gewiß nur in solchen Ländern, worinn der Nahrungsstand, nebst Verbesserung des Akerbaues und Vermehrung des damit verknüpften Viehestandes, zugleich durch nüzliche Manufacturen

eturen, Fabriken und Commercien in denjenigen blühenden Zustand geseget wird, in welchem er eigentlich
stehen muß, wenn ein Land reich, mächtig, und
glükselig heissen soll. Der Grund von einem solchen
Zustande ist ein wohleingerichtetes Creditwesen. Denn
die Commercien-Collegia, Manufacturen und ihre
Häusser, die Trafiquen und ihre Werke anzulegen,
die beste Werkmeister anzuschaffen, die Proponenten
zu remuneriren, Räthe und Bediente zu bestellen und
zu besolden; dazu gehöret ein grosser Vorschuß und
Verlag, bis sie sich nicht allein selbst verlegen können,
sondern auch die versprochene reiche Ausbeute bescheh-
ren. Abhandlung von Manufacturen und Commercio, Cap. 8. §. 1. S. 105.

Und wer sollte wohl vor die zu diesem Vorschuß
und Verlag nöthige Capitalien anderst sorgen, als
entweder der Landesfürst oder die Landschaft. Von
Hornek in der wohlgerathenen Schrift: Oesterreich über
alles, wenn es nur will. S. 121. Denn soll die
Verfassung des Creditwesens beständig und gleichsam
ewig bleiben: so müssen diese das Beste bei der Sache
thun, die nicht aussterben, nemlich die treuen Landstände oder die Landschaft, Abhandl. von Manuf.
und Commerc. Cap. 8. §. 6. 7. S. 107. als durch
welche dasselbige am besten eingerichtet, dirigirt und
aufrecht erhalten werden kann. Ein neuer Beweg-
grund, der die Stände eines Landes antreiben soll, auch
an ihrem Theile die Manufacturen und Fabriken auf

alle

alle mögliche Art zu befördern und zu unterſtützen.
Und dennoch geſchiehet ſolches noch nicht in allen
Ländern. Es ſtehen Hinderniſſe in dem Weg, welche nach der Reihe anzuführen der Raum gegenwärtiger Blätter zu enge ſeyn würde. Unter andern
ſchüzet man die ſchlimmen Zeiten und den Geldmangel unter den Leuten für. Dieſes iſt das alte und
bekannte Lied, welches man ſchon in dem vorigen
Jahrhundert in vielen Ländern abgeſungen hat, und
welches man noch heut zu Tage in vielen anſtimmen
höret. Es ſey ungereimt, heißt es gemeiniglich, bei
ſolchen ſchlimmen Zeiten und geldloſen Umſtänden an
die Erhebung der Commercien und Manufacturen
zu gedenken. Ich aber getraue mir mit beſſerm
Grunde zu behaupten, daß es in dem bemerkten Falle
unverantwortlich ſeyn würde, die Sorge vor die
Verbeſſerung der Landesökonomie überhaupt, und ins
beſondre durch Einführung, Beförderung und Un-
terſtüzung nüzlicher Manufacturen auſſer Acht zu laſſen, denn „wäre der Mangel an Gelde der Grund
„unſers Unglüks, wenn iſt denn mehrere Zeit, ſelbi-
„gen zu ſteuren, als eben, da die Noth am gröſten!
„wenn werden die Gemüther der Landesinwohner, es
„ſeyen groſſe oder kleine, ſich den Neuerungen, ſo
„ſie vielleicht zu einer andern Zeit etwas ſeltſam
„und ſchwehr dünken möchten, lieber bequemen, als
„da die Gefahr für Augen? Wenn wird die Nach-
„barſchaft weniger Jalouſie darüber ſchöpfen, als in
„einem

„einem Frangenti, da sie urtheilen muß, die äus-
„serste Noth zwinge uns dazu ‒ ‒ sind Worte eines
Herrn von Hornets, die er in dem schönen Tractat:
Oesterreich über alles, wenn es nur will, S. 7.
den kaiserlichen Erblanden längstens vorgepredi-
get hat, und die noch heutiges Tages in allen Ländern gelten, in welchen die Landesökonomie in einer
dieser Beschreibung ähnlichen Verfassung stehet.
Worte, welche verdienen, daß sie alle Menschen,
insonderheit aber die Stände eines Landes wohl
zu Herzen nehmen, reiflich erwogen und pünktlich
ausüben. So lange aber diese, nach dem Ausdruk
des Verfassers der Abhandlung von Manufacturen ꝛc.
keine genugsame Erkänntniß von dem grossen Landes-
capital, und worinn solches bestehe, haben: so lange
können sie auch nicht in Ueberlegung ziehen und beurtheilen, wie das Landesinteresse zu vergrössern sey.
Eine unumstößliche Wahrheit! Allein so dunkel und
betrübt siehet es in unserm aufgeklärten Jahrhundert
doch wohl nicht mehr um die Einsichten aller Landstände aus. In einigen Reichen und Ländern, z. E.
in Schweden, zeigt sich bereits das Gegentheil, und
in andern ist vielleicht Hofnung zur Nachfolge vorhanden. Geschiehet einmal dieses; so kann man einer glüklichen Reformation der Landesökonomie, einer
Verbesserung des Nahrungsstandes, und einer Vermehrung der herr- und landschaftlichen Gefälle ge-
trost und sicher entgegen sehen.

G   Als

Alsdenn wird man insonderheit auch unter den Proponenten eine vernünftige Wahl treffen; man wird sich vor unnützen Landläuffern, vor windvollen und schädlichen Projectenmachern, Großsprechern und Betrügern, vor blossen Raisonneurs, die wohl etwas anfangen, aber nicht vollenden können, die vor ihre Persohn und Familie Geld schneiden, hernach den Karren stehen lassen, Pensionen geniessen, solche aber nicht verdienen, die durch ihre Räthe mehr verderben, als gut machen, am Ende aber davon gehen und das Maul wischen ꝛc. zu hüten wissen. Man wird hingegen patriotisch-gesinnten Männern mehr Gehör geben, man wird diejenigen, welche nicht mit blossen Worten, sondern mit der That selbst zeigen, wer sie seyn, und was man von ihnen erwarten kann, thätig und kräftig unterstüzen, ihre Vorschläge annehmen, ihre Verdienste belohnen, und sie in Ehren halten.

Und dieses wird der Grund zu dem gemeinschaftlichen Wohlstande seyn. Denn bloß damit ist es wahrhaftig nicht ausgerichtet, daß man von einem Bedaurungs-würdigen und kummervollen Zustande eines Landes, von der Armuth, dem Elende und bevorstehenden Verderben dessen Inwohner spreche, darüber seufze ꝛc. ꝛc. sondern man muß vielmehr auf die kräftigsten Mittel denken, einem solchen allgemeinen Nothstand, wenn und wo er vorhan handen wäre, vor das Gegenwärtige zu begegnen, und vor das Künftige vorzubiegen, kurz, man muß trachten, daß endlich einmal der Grund zu dem Reichthum, der Macht, Stärke und Glükseligkeit des Staats geleget werde, das ist, man muß auf die Erhebung des Feldbaues und des damit verknüpften Viehstandes, vornehmlich aber auf die Einfürung nüzlicher Manufacturen, Fabriken und Commercien ernstlich bedacht seyn, und dieses lieget nebst andern, vorzüglich den Landständen ob, weil ein Land, dessen Stände sich nicht um den Handel und Wandel bekümmern, niemals reich wird. Bes. die Abhandl. von Manufacturen und Commercio, Cap. 1. §. 4. S. 4.

Man stelle sich ein Land für, in welchem der Frucht= und Weinbau fast die einige oder doch die vornehmste Nahrung dessen Inwohner ist. Ziehet nicht ein einiges sogenanntes Fehljahr einen langwührigen und bei nahe allgemeinen Jammer nach sich? Man betrachte hingegen ein anderes, in welchem sich die Natur weit kärglicher als in jenem erzeiget, worin aber Manufacturen und Handlung blühen. Wird man wohl in diesem auch eine solche durchgängige Beklemmung und ein so allgemeines Elend zu befürchten haben! Gewiß nicht. Beruhigung, Zufriedenheit, Vergnügen und Glükseligkeit werden fast zu allen Zeiten die sichere Losung der meisten Inwohner eines solchen Landes seyn. Und dieser glükselige Zustand verdoppelt sich in einem Lande, welches nicht nur

G 2 von

von Natur fruchtbar und gesegnet ist, sondern zugleich durch die Manufacturen und das Commercium belebet wird.

Wollte GOtt, es wären alle Landstände von dieser Wahrheit so lebhaft überzeugt, wie es die Reichsstände in Schweden sind, deren fürtrefliche Einsichten in das Manufactur = und Fabrikwesen, nebst ihrem unermüdeten Eifer, dasselbige auf alle mögliche Art zu befördern, der ganzen Welt für Augen liegen. Das neueste und deutlichste Merkmal von ihren edeln Gesinnungen legten dieselbigen bei Gelegenheit der auf dem Schlosse Drotingholm angelegten königlichen Manufacturen und Fabriken an den Tag, wovon uns unsere Zeitungsblätter einen merkwürdigen Bericht mittheilten, welcher werth ist, daß er der Vergessenheit entrissen, und als ein grosses, dabei Nachahmungs = würdiges Muster diesem Anhang beigefügt werde. Er lautet nach seinem wörtlichen Innhalt also:

„ Stokholm vom 5. Sept. 1763. Zu Bemer=
„ kung der unterthänigsten Aufmerksamkeit, für die
„ gnädigen und ausnehmenden Exempel, die Ihro
„ Königl. Majestäten selbst ihren Unterthanen, zum
„ Aufnehmen der einheimischen Haushaltung und
„ Sparsamkeit dadurch gegeben, daß Höchstdieselbe
„ auf dem Königlichen Schlosse Drotingholm, auf
„ eigene Kosten, unterschiedene Arten Fabriken an=
„ ge=

„ gelegt, als Seine Majeſtät, der König, eine
„ Stahl = und Polier=Schmied=Fabrike, in welcher
„ allerhand Inſtrumente und kleine Geräthe von den
„ feinſten Sorten, gleich den Engliſchen, in richti=
„ ger Ordnung verfertiget werden, und Ihro M.=
„ jeſtät die Königin eine holländiſche Spizenmache=
„ rei nebſt einer Seidenband = Fabrike, wobei der
„ Seidenbau daſelbſt unter Ihro Majeſtät eigenen
„ gnädigen Aufſicht, ſeit einigen Jahren beſorgt und
„ Schwediſche Seide gewonnen wird; und denn,
„ um über dieſe Ihro Majeſtäten gnädige Fürſorge
„ würdige Zeichen Ihrer Dankbarkeit zu Tage zu
„ legen, hatten die Reichsſtände bei ihrer leztern
„ Verſammlung verordnet, daß, auf Koſten des Ma=
„ nufacturfonds zwo Medaillen gepräget werden ſoll=
„ ten, die eine für Seine Majeſtät den König, mit
„ Seiner Majeſtät Bruſtbilde und den Königli=
„ chen Titeln auf der einen, und mit einer Grouppe
„ oder Sammlung von Gewehren, als Helm, Schild,
„ Schwerdt und Spieß, nebſt Beilen, Aexten und
„ andern Geräthen, auf der andern Seite, mit der
„ Ueberſchrift: Noſtro grandeſcunt aucta labore.
„ Und die andere für Ihro Majeſtät die Königin,
„ auf der einen Seite mit Ihro Majeſtät Bruſt=
„ bild, und der gewöhnlichen Ueberſchrift, auf der
„ andern aber mit der Minerva, welche einen Tep=
„ pich beziehet, nebſt einigen Theilen eines Weber=
„ ſtuhls, ſeidenen Bändern und dergleichen, mit der

„ Ueber=

„ Ueberſchrift: Ingenium pretioſius auro. Nach-
„ deme nun dieſe Gepräge im abgewichenen Mo-
„ nat von dem Medailleur Fehrmann verfertiget,
„ uud damit zwo goldene Medaillen, jede von drei-
„ ſig Ducaten ſchwehr, geſchlagen worden ſind: ſo
„ haben, nach dazu von Ihro Königlichen Maje-
„ ſtäten erlangter gnädigen Erlaubniß, acht Depu-
„ tirte von der Reichsſtände Manufactur-Comtoirs
„ Gevollmächtigten, jüngſtverwichenen 28. Auguſt
„ des Mittags um ein Uhr, die Ehre gehabt, Ih-
„ ro Majeſtäten ein Exemplar von jeder Medaille
„ in Unterthänigkeit zu überreichen, bey welcher Ge-
„ legenheit der wortführende Landshauptmann Graf
„ Reenſtierna an jede von Ihro Majeſtäten eine
„ wohlgefaßte Rede gehalten hat.

O daß doch bald die Zeiten kämen, in welchen
man, nach dem Beiſpiel Schwedens, auch bei uns
von einem Manufacturfond, und von der Stände Manufactur-Comptoirs reden und ſchreiben
könnte!

Wie glüklich würden wir nicht ſeyn? Und wie
viele Urſachen würde nicht ein jeder getreuer Unterthan haben, ſich über des Vaterlandes und ſeinen eigenen Wohlſtand zu freuen.